U0081670

心一堂術數古籍珍本叢刊

書名：命相談奇（虛白廬藏本）第七集
系列：心一堂術數古籍珍本叢刊　星命類　相術類　第三輯　317
作者：【民國】齊東野
主編、責任編輯：陳劍聰
心一堂術數古籍珍本叢刊編校小組：陳劍聰　素聞　鄒偉才　虛白廬主　丁鑫華

出版：心一堂有限公司
通訊地址：香港九龍旺角彌敦道六一〇號荷李活商業中心十八樓〇五—〇六室
深港讀者服務中心：中國深圳市羅湖區立新路六號羅湖商業大廈負一層〇〇八室
電話號碼：(852)9027-7110
網址：publish.sunyata.cc
電郵：sunyatabook@gmail.com
網店：http://book.sunyata.cc
淘寶店地址：https://sunyata.taobao.com
微店地址：https://weidian.com/s/1212826297
臉書：https://www.facebook.com/sunyatabook
讀者論壇：http://bbs.sunyata.cc/

版次：二零二零年四月初版
平裝

定價：港幣　九十八元正
　　　新台幣　四百五十元正

國際書號：ISBN 978-988-8583-22-5

版權所有　翻印必究

香港發行：香港聯合書刊物流有限公司
地址：香港新界大埔汀麗路36號中華商務印刷大厦3樓
電話號碼：(852)2150-2100
傳真號碼：(852)2407-3062
電郵：info@suplogistics.com.hk

台灣發行：秀威資訊科技股份有限公司
地址：台灣台北市內湖區瑞光路七十六巷六十五號一樓
電話號碼：+886-2-2796-3638
傳真號碼：+886-2-2796-1377
網絡書店：www.bodbooks.com.tw
台灣秀威書店讀者服務中心：
地址：台灣台北市中山區松江路二〇九號一樓
電話號碼：+886-2-2518-0207
傳真號碼：+886-2-2518-0778
網絡書店：http://www.govbooks.com.tw

中國大陸發行　零售：深圳心一堂文化傳播有限公司
深圳地址：深圳市羅湖區立新路六號羅湖商業大厦負一層〇〇八室
電話號碼：(86)0755-82224934

心一堂微店二維碼

心一堂淘寶店二維碼

心一堂術數古籍珍本叢刊 總序
整理

術數定義

術數，大概可謂以「推算（推演）、預測人（個人、群體、國家等）、事、物、自然現象、時間、空間方位等規律及氣數，並或通過種種『方術』，從而達致趨吉避凶或某種特定目的」之知識體系和方法。

術數類別

我國術數的內容類別，歷代不盡相同，例如《漢書・藝文志》中載，漢代術數有六類：天文、曆譜、五行、蓍龜、雜占、形法。至清代《四庫全書》，術數類則有：數學、占候、相宅相墓、占卜、命書、相書、陰陽五行、雜技術等，其他如《後漢書・方術部》、《藝文類聚・方術部》、《太平御覽・方術部》等，對於術數的分類，皆有差異。古代多把天文、曆譜、及部分數學均歸入術數類，而民間流行亦視傳統醫學作為術數的一環；此外，有些術數與宗教中的方術亦往往難以分開。現代民間則常將各種術數歸納為五大類別：命、卜、相、醫、山，通稱「五術」。

本叢刊在《四庫全書》的分類基礎上，將術數分為九大類別：占筮、星命、相術、堪輿、選擇、三式、讖諱、理數（陰陽五行）、雜術（其他）。而未收天文、曆譜、算術、宗教方術、醫學。

術數思想與發展——從術到學，乃至合道

我國術數是由上古的占星、卜筮、形法等術發展下來的。其中卜筮之術，是歷經夏商周三代而通過「龜卜、蓍筮」得出卜（筮）辭的一種預測（吉凶成敗）術，之後歸納並結集成書，此即現傳之《易

經》。經過春秋戰國至秦漢之際，受到當時諸子百家的影響、儒家的推崇，遂有《易傳》等的出現，原本是卜筮術書的《易經》，被提升及解讀成有包涵「天地之道（理）」之學。因此，《易・繫辭傳》曰：「易與天地準，故能彌綸天地之道。」

漢代以後，易學中的陰陽學說，與五行、九宮、干支、氣運、災變、律曆、卦氣、讖緯、天人感應說等相結合，形成易學中象數系統。而其他原與《易經》本來沒有關係的術數，如占星、形法、選擇，亦漸漸以易理（象數學說）為依歸。《四庫全書・易類小序》云：「術數之興，多在秦漢以後。要其旨，不出乎陰陽五行，生尅制化。實皆《易》之支派，傳以雜說耳。」至此，術數可謂已由「術」發展成「學」。

及至宋代，術數理論與理學中的河圖洛書、太極圖、邵雍先天之學及皇極經世等學說給合，通過術數以演繹理學中「天地中有一太極，萬物中各有一太極」（《朱子語類》）的思想。術數理論不單已發展至十分成熟，而且也從其學理中衍生一些新的方法或理論，如《梅花易數》、《河洛理數》等。

在傳統上，術數功能往往不止於僅僅作為趨吉避凶的方術，及「能彌綸天地之道」的學問，亦有其「修心養性」的功能，「與道合一」（修道）的內涵。《素問・上古天真論》：「上古之人，其知道者，法於陰陽，和於術數。」數之意義，不單是外在的算數、歷數、氣數，而是與理學中同等的「道」、「理」——心性的功能，北宋理氣家邵雍對此多有發揮：「聖人之心，是亦數也」、「萬化萬事生乎心」、「心為太極」。《觀物外篇》：「先天之學，心法也。……蓋天地萬物之理，盡在其中矣，心一而不分，則能應萬物。」反過來說，宋代的術數理論，受到當時理學、佛道及宋易影響，認為心性本質上是等同天地之太極。天地萬物氣數規律，能通過內觀自心而有所感知，即是內心也已具備有術數的推演及預測、感知能力；相傳是邵雍所創之《梅花易數》，便是在這樣的背景下誕生。

《易・文言傳》已有「積善之家，必有餘慶；積不善之家，必有餘殃」之說，至漢代流行的災變說及讖緯說，我國數千年來都認為天災，異常天象（自然現象），皆與一國或一地的施政者失德有關；下至家族、個人之盛衰，也都與一族一人之德行修養有關。因此，我國術數中除了吉凶盛衰理數之外，人心的德行修養，也是趨吉避凶的一個關鍵因素。

術數與宗教、修道

在這種思想之下，我國術數不單只是附屬於巫術或宗教行為的方術，又往往是一種宗教的修煉手段--通過術數，以知陰陽，乃至合陰陽（道）。「其知道者，法於陰陽，和於術數。」例如，「奇門遁甲」術中，即分為「術奇門」與「法奇門」兩大類。「法奇門」中有大量道教中符籙、手印、存想、內煉的內容，是道教內丹外法的一種重要外法修煉體系。甚至在雷法一系的修煉上，亦大量應用了術數內容。此外，相術、堪輿術中也有修煉望氣（氣的形狀、顏色）的方法；堪輿家除了選擇陰陽宅之吉凶外，也有道教中選擇適合修道環境（法、財、侶、地中的地）的方法，以至通過堪輿術觀察天地山川陰陽之氣，亦成為領悟陰陽金丹大道的一途。

易學體系以外的術數與的少數民族的術數

我國術數中，也有不用或不全用易理作為其理論依據的，如揚雄的《太玄》、司馬光的《潛虛》。也有一些占卜法、雜術不屬於《易經》系統，不過對後世影響較少而已。

外來宗教及少數民族中也有不少雖受漢文化影響（如陰陽、五行、二十八宿等學說。）但仍自成系統的術數，如古代的西夏、突厥、吐魯番等占卜及星占術，藏族中有多種藏傳佛教占卜術、苯教占卜術、擇吉術、推命術、相術等；北方少數民族有薩滿教占卜術；不少少數民族如水族、白族、布朗族、佤族、彝族、苗族等，皆有占雞（卦）草卜、雞蛋卜等術，納西族的占星術、占卜術，彝族畢摩的推命術、占卜術……等等，都是屬於《易經》體系以外的術數。相對上，外國傳入的術數以及其理論，對我國術數影響更大。

曆法、推步術與外來術數的影響

我國的術數與曆法的關係非常緊密。早期的術數中，很多是利用星宿或星宿組合的位置（如某星在某州或某宮某度）付予某種吉凶意義，并據之以推演，例如歲星（木星）、月將（某月太陽所躔之宮次）等。不過，由於不同的古代曆法推步的誤差及歲差的問題，若干年後，其術數所用之星辰的位置，已與真實星辰的位置不一樣了；此如歲星（木星），早期的曆法及術數以十二年為一周期（以應地支），與木星真實周期十一點八六年，每幾十年便錯一宮。後來術家又設一「太歲」的假想星體來解決，是歲星運行的相反，週期亦剛好是十二年。而術數中的神煞，很多即是根據太歲的位置而定。又如六壬術中的「月將」，原是立春節氣後太陽躔娵訾之次而稱作「登明亥將」，至宋代，因歲差的關係，要到雨水節氣後太陽才躔娵訾之次，當時沈括提出了修正，但明清時六壬術中「月將」仍然沿用宋代沈括修正的起法沒有再修正。

由於以真實星象周期的推步術是非常繁複，而且古代星象推步術本身亦有不少誤差，大多數術數除依曆書保留了太陽（節氣）、太陰（月相）的簡單宮次計算外，漸漸形成根據干支、日月等的各自起例，以起出其他具有不同含義的眾多假想星象及神煞系統。唐宋以後，我國絕大部分術數都主要沿用這一系統，也出現了不少完全脫離真實星象的術數，如《子平術》、《紫微斗數》、《鐵版神數》等。後來就連一些利用真實星辰位置的術數，如《七政四餘術》及選擇法中的《天星選擇》，也已與假想星象及神煞混合而使用了。

隨着古代外國曆（推步）、術數的傳入，如唐代傳入的印度曆法及術數，元代傳入的回回曆等，其中我國占星術便吸收了印度占星術中羅睺星、計都星等而形成四餘星，又通過阿拉伯占星術而吸收了其中來自希臘、巴比倫占星術的黃道十二宮、四大（四元素）學說（地、水、火、風），並與我國傳統的二十八宿、五行說、神煞系統並存而形成《七政四餘術》。此外，一些術數中的北斗星名，不用我國傳統的星名：天樞、天璇、天璣、天權、玉衡、開陽、搖光，而是使用來自印度梵文所譯的：貪狼、巨門、祿存、文曲，廉貞、武曲、破軍等，此明顯是受到唐代從印度傳入的曆法及占星術所影響。如星命術中的《紫微斗數》及堪輿術中的《撼龍經》等文獻中，其星皆用印度譯名。及至清初《時憲曆》，置閏之法則改用西法「定氣」。清代以後的術數，又作過不少的調整。

此外，我國相術中的面相術、手相術，唐宋之際受印度相術影響頗大，至民國初年，又通過翻譯歐西、日本的相術書籍而大量吸收歐西相術的內容，形成了現代我國坊間流行的新式相術。

陰陽學——術數在古代、官方管理及外國的影響

術數在古代社會中一直扮演着一個非常重要的角色，影響層面不單只是某一階層、某一職業、某一年齡的人，而是上自帝王，下至普通百姓，從出生到死亡，不論是生活上的小事如洗髮、出行等，大事如建房、入伙、出兵等，從個人、家族以至國家，從天文、氣象、地理到人事、軍事，從民俗、學術到宗教，都離不開術數的應用。我國最晚在唐代開始，已把以上術數之學，稱作陰陽（學），行術數者稱陰陽人。（敦煌文書、斯四三二七唐《師師漫語話》：「以下說陰陽人謾語話」，此說法後來傳入日本，今日本人稱行術數者為「陰陽師」）。一直到了清末，欽天監中負責陰陽術數的官員中，以及民間術數之士，仍名陰陽生。

古代政府的中欽天監（司天監），除了負責天文、曆法、輿地之外，亦精通其他如星占、選擇、堪輿等術數，除在皇室人員及朝庭中應用外，也定期頒行日書、修定術數，使民間對於天文、日曆用事吉凶及使用其他術數時，有所依從。

我國古代政府對官方及民間陰陽學及陰陽官員，從其內容、人員的選拔、培訓、認證、考核、律法監管等，都有制度。至明清兩代，其制度更為完善、嚴格。

宋代官學之中，課程中已有陰陽學及其考試的內容。（宋徽宗崇寧三年〔一一零四年〕崇寧算學令：「諸學生習……並曆算、三式、天文書。」「諸試……三式即射覆及預占三日陰陽風雨。天文即預

定一月或一季分野災祥，並以依經備草合問為通。」

金代司天臺，從民間「草澤人」（即民間習術數人士）考試選拔：「其試之制，以《宣明曆》試推步，及《婚書》、《地理新書》試合婚、安葬，並《易》筮法，六壬課、三命、五星之術。」（《金史》卷五十一・志第三十二・選舉一）

元代為進一步加強官方陰陽學對民間的影響、管理、控制及培育，除沿襲宋代、金代在司天監掌管陰陽學及中央的官學陰陽學課程之外，更在地方上增設陰陽學課程（《元史・選舉志一》：「世祖至元二十八年夏六月始置諸路陰陽學。」）地方上也設陰陽學教授員，培育及管轄地方陰陽人。（《元史・選舉志一》：「（元仁宗）延祐初，令陰陽人依儒醫例，於路、府、州設教授員，凡陰陽人皆管轄之，而上屬於太史焉。」）自此，民間的陰陽術士（陰陽人），被納入官方的管轄之下。

至明清兩代，陰陽學制度更為完善。中央欽天監掌管陰陽學，明代地方縣設陰陽學正術，各州設陰陽學典術，各縣設陰陽學訓術。陰陽人從地方陰陽學肄業或被選拔出來後，再送到欽天監考試。（《大明會典》卷二二三：「凡天下府州縣舉到陰陽人堪任正術等官者，俱從吏部送（欽天監），考中，送回選用；不中者發回原籍為民，原保官吏治罪。」）清代大致沿用明制，凡陰陽術數之流，悉歸中央欽天監及地方陰陽官員管理、培訓、認證。至今尚有「紹興府陰陽印」、「東光縣陰陽學記」等明代銅印，及某某縣某某之清代陰陽執照等傳世。

清代欽天監漏刻科對官員要求甚為嚴格。《大清會典》「國子監」規定：「凡算學之教，設肄業生。滿洲十有二人，蒙古、漢軍各六人，於各旗官學內考取。漢十有二人，於舉人、貢監生童內考取。附學生二十四人，由欽天監選送。教以天文演算法諸書，五年學業有成，舉人引見以欽天監博士用，貢監生童以天文生補用。」學生在官學肄業、貢監生肄業或考得舉人後，經過了五年對天文、算法、陰陽學的學習，其中精通陰陽術數者，會送往漏刻科。而在欽天監供職的官員，《大清會典則例》「欽天監」規定：「本監官生三年考核一次，術業精通者，保題升用。不及者，停其升轉，再加學習。如能黽勉供職，即予開復。仍不及者，降職一等，再令學習三年，能習熟者，准予開復，仍不能者，黜退。」除定期考核以定其升用降職外，《大清律例》中對陰陽術士不準確的推斷（妄言禍福）是要治罪的。《大清律例·一七八·術七·妄言禍福》：「凡陰陽術士，不許於大小文武官員之家妄言禍福，違者杖一百。其依經推算星命卜課，不在禁限。」大小文武官員延請的陰陽術士，自然是以欽天監漏刻科官員或地方陰陽官員為主。

官方陰陽學制度也影響鄰國如朝鮮、日本、越南等地，一直到了民國時期，鄰國仍然沿用着我國的多種術數。而我國的漢族術數，在古代甚至影響遍及西夏、突厥、吐蕃、阿拉伯、印度、東南亞諸國。

術數研究

術數在我國古代社會雖然影響深遠，「是傳統中國理念中的一門科學，從傳統的陰陽、五行、九宮、八卦、河圖、洛書等觀念作大自然的研究。……傳統中國的天文學、數學、煉丹術等，要到上世紀中葉始受世界學者肯定。可是，術數還未受到應得的注意。術數在傳統中國科技史、思想史，文化史、社會史，甚至軍事史都有一定的影響。……更進一步了解術數，我們將更能了解中國歷史的全貌。」（何丙郁《術數、天文與醫學中國科技史的新視野》，香港城市大學中國文化中心。）

可是術數至今一直不受正統學界所重視，加上術家藏秘自珍，又揚言天機不可洩漏，「（術數）乃吾國科學與哲學融貫而成一種學說，數千年來傳衍嬗變，或隱或現，全賴一二有心人為之繼續維繫，賴以不絕，其中確有學術上研究之價值，非徒癡人說夢，荒誕不經之謂也。其所以至今不能在科學中成立一種地位者，實有數因。蓋古代士大夫階級目醫卜星相為九流之學，多恥道之；而發明諸大師又故為惝恍迷離之辭，以待後人探索；間有一二賢者有所發明，亦秘莫如深，既恐洩天地之秘，復恐譏為旁門左道，始終不肯公開研究，成立一有系統說明之書籍，貽之後世。故居今日而欲研究此種學術，實一極困難之事。」（民國徐樂吾《子平真詮評註》，方重審序）

現存的術數古籍，除極少數是唐、宋、元的版本外，絕大多數是明、清兩代的版本。其內容也主要是明、清兩代流行的術數，唐宋或以前的術數及其書籍，大部分均已失傳，只能從史料記載、出土文獻、敦煌遺書中稍窺一鱗半爪。

術數版本

坊間術數古籍版本，大多是晚清書坊之翻刻本及民國書賈之重排本，其中豕亥魚魯，或任意增刪，往往文意全非，以至不能卒讀。現今不論是術數愛好者，還是民俗、史學、社會、文化、版本等學術研究者，要想得一常見術數書籍的善本、原版，已經非常困難，更遑論如稿本、鈔本、孤本等珍稀版本。在文獻不足及缺乏善本的情況下，要想對術數的源流、理法、及其影響，作全面深入的研究，幾不可能。

有見及此，本叢刊編校小組經多年努力及多方協助，在海內外搜羅了二十世紀六十年代以前漢文為主的術數類善本、珍本、鈔本、孤本、稿本、批校本等數百種，精選出其中最佳版本，分別輯入兩個系列：

一、心一堂術數古籍珍本叢刊

二、心一堂術數古籍整理叢刊

前者以最新數碼（數位）技術清理、修復珍本原本的版面，更正明顯的錯訛，部分善本更以原色彩色精印，務求更勝原本。并以每百多種珍本、一百二十冊為一輯，分輯出版，以饗讀者。後者延請、稿約有關專家、學者，以善本、珍本等作底本，參以其他版本，古籍進行審定、校勘、注釋，務求打造一最善版本，方便現代人閱讀、理解、研究等之用。

限於編校小組的水平，版本選擇及考證、文字修正、提要內容等方面，恐有疏漏及舛誤之處，懇請方家不吝指正。

心一堂術數古籍 珍本 整理 叢刊編校小組
二零零九年七月序
二零一四年九月第三次修訂

第七集

真人真事　不可思議

命相談奇

齊東野著

一九六四年八月廿五日初版

版權所有．翻印必究

命相談奇 第七冊

定價：港幣一元六角

著作者：齊東野

出版者：宇宙出版社
香港活道十四號六樓

發行者：長興書局
香港大道西三〇五號
吳興記報社
香港利源東街廿六號二樓
遠東文化有限公司
星加坡廈門街十九號

承印者：聯盛印務公司
香港灣仔船街三號

命相談奇

（第七冊）

齊東野著

香港宇宙出版社印行

虛白廬藏

第七集目錄

一 欲知本年吉凶．且看新年命

少時我在鄉下每當年初一過後，算命先生特別活躍，他們手拿牛角筒，打着「トト」的聲音，沿街而過，人家一聽這打牛角聲，就知道算命先生過街做生意了。鄉下人都一致地說要看「新年命」，後來我到北京，每逢正月，大人也帶我玩天橋，玩東安市場，那裏的命舘之類，到了正月，門首也都貼一張紅箋，上面寫着「請進算新命年命！」因此，我自幼對於算命之事印象至深，也以爲，命運之事也和新舊年一樣，每年要換一次的。

後來自己學會了算命，才知道命運之事乃生下來就註定了的，一生都不會改變，一輩子不管活多少歲，只有這一條命，沒有甚麽舊年新年之分的。因此我就勸許多人不用年年算命，主張一生只要算一次命，這在命理的原則上原是對的，但有一次，卻發生一件很離奇的情形。

友人郭友諒托我給他批一本終身的八字，他相信命運，把前運一對，件件都不錯了，於是他以後每年應做何事，應走何方，都大體依我的那本命書行事，也大都應驗無疑。有一年他從西安寫信給我，說他最近發生了一件事，和我那命書中所批的完全不符，要我把它重算一下。

他沒有告訴我發生了甚麼事，也不曾把原批命書寄給我，只把他的八字寫給我。我把他的八字細看了後，就寫信給他這樣說：「今年立秋之後，你交入丁運，丁壬化合，你自己既與人爭色，而另又有人奪你所愛，此事務宜於寒露之前罷手，必須割愛，否則將有嚴重災禍！」

果然他於寒露寫給信給我，說他那時原有一個同事中的女朋友，已到了談愛的階段，突然被公司調離西安到分公司去服務。不久他又結識一個新來的女同事；而這個女子原有男朋友，他不知道，因而造成三角關係。這個男朋友在氣慣之下，一面對他表示要以性命護花；一面偷偷寫信去分公司，告訴郭友諒原來那個愛人，愛人一氣，運用閃電戰術，竟然和公司中人結了婚，結果，郭友諒落得兩頭空，依然故我。

原來我在那終身命紙上沒細看本年的變化，竟說他「今年秋間當有可喜之事。」所以我後來主張算命不用算終身的，最好每年算一次，欲知本年吉凶，且看新年命，這樣算命先生可以集中精力，便不致忽略了。

二 耳垂朝口角·其人溫良厚福

五官之中，最不受人注意的是耳；因爲它落在臉面的兩旁，而在鬢髮之下，對於美容更不佔甚麽重要，有的髮型還把兩耳藏而不見，所以在觀瞻上，好像有耳無耳沒有大關係。其實，就相學言，兩耳不特和眉目口鼻四官有同等的地位，在某些事上，其重要性且有過之無不及。

就一般言，鼻主富貴，窮達；眼主吉凶，善惡；眉主智愚，人緣；口主品性氣度；耳主健樂福壽；各有所司，各有所長；不宜單看，務宜兼看，比如說，鼻相雖是富貴，若是耳相表現夭壽，則富貴完全無用了。富貴相固是重要，若有凶惡相，則誤國害民，死於非命，富貴也無足貴了。

有一次和幾個朋友玩揚州瘦西湖，在茶館裏品茶賞湖的時候，看見有三個老人也在那裏閒坐淸談。那三個老人都是古稀上下的人了，我們原不會注意他們的。後來我們發現他們中間有一個說話聲音特別響亮，好像壯年人一樣，便引起我們中間有個伊先生注意他們，伊君給我們出了一個題目：「請論這三個老人，那個最有福，那個最有壽，那個最有財？」這樣的題目，等於暗示了他們的福、壽、財三者是顯有不同的，否則七十歲上下的人，如相差不多，不容易分辨出來的。

老年人的論福，本當看鬚法，看下頷的。看壽，大都看人中，看氣局。看財，則應以看鼻爲主的。我們彼此看了一下，也交談一下，英雄所見略同，我們這幾個看相英雄似乎都得意洋洋，自認相術高明了。

「如果僅僅看他們的耳朵，應當作何論斷呢？」那次我們正是陪着名相家陶半梅去遊揚州，他起初不曾發一言，只是靜聽我們的高談濶論，到此時他突然發出這個問題，我們要作單位的看法，就耳論相。他又補充一句說：「這三老各有優點也各有缺點，三個耳朵屬於三個型。」

那三個老人的鬚法各不同，一個是留長髯的，一個是留兩撇八字鬚的，而另一個則是不蓄鬚。而就表面的老年看，恰恰相反的，無鬚的是最大，約有七十五歲，短鬚的次之，約有七十歲，而長髯的只有六十多歲。當然，到了這年紀的老年人，從面相上不大容易看出他們眞正壽命的相差數，只能就精神的健康上去看的。

但是，這只是通俗相術的看法，不是我們論相的人最可靠的論據；因爲相術看法，看「氣宇」，看「元神」，可以先看精神；若是指定看「福」，看「壽」，或看「財」，那就當以看「形象」爲第一，以看「精神」爲輔助，絕不能像俗眼的看法，說是精神很健旺就可以有財有壽的。

於是我們就集中精神看他們三人耳朶的形象，當然，我們又是所見略同的說他們的耳朶屬於三個不同的型：留短鬚的屬於「壽型」，無鬚的屬於「福型」，而長髯的則屬於「財型」。屬於壽型的要點是「長」形，屬於福型的要點是「厚」形，而屬于財型的要點則是「圓」形。

本來這些形象都是相書上說明的，也是比較容易看的。關于耳的這些形象都比較容易分辨，而比較難看的還是在於所謂「倫廓」分明，「氣色」清朗以及與其他五官、面型等配合問題。比如說，臉型短瘦的人，耳朶就是薄短也不能就斷它是短命相。因此我們剛才所論的這三個老人的相就是依這種綜合的看法的。

現在陶半梅要我們「單位」斷法，就是單就耳朶推斷這三個老人的一生重要問題，依我們的看法，所得的結論是這樣：留短鬚的壽型耳，是長形，就是俗所謂「兩耳垂肩」，就是耳型較長，直向肩上下垂的意思，這是長壽相無疑，其壽數總在七十歲以上，而現在這位老人已大約到了七十歲了，當然斷他還是再活下去的。

至於無鬚的那位老人，他的耳朶不及留短鬚的長，他不是「兩耳垂肩」型，他是厚型，但他現在年齡已大過留鬚的了。若就長短型來論，這就發生了疑問，到底論壽，以長爲貴呢，還是厚爲貴呢？再如長髯的老人，他的耳朶是圓形，這圓形如果與其夭壽相配合則是不太長壽相，然而他現在卻已六十多歲了，因此，這單位論相就比較很深的問題了。

我們當時除依相書上所言的，並沒有作出甚麽新的結論，最後還是請陶半梅指教。他先指那個無鬚的老人「厚」的耳朶說：「你們看這耳朶的特點在那裏？這老人的性情如何？他一生的福祿如何？六親方面的晚景又是如何？」

他又補充解釋說：「這些，尤其是性情，相書上是沒有說淸楚的，但我們可以把它推斷。」

一般耳相的缺點有五個：第一是「短」，第二是「薄」，第三是「懸」，第四是「翻」，第五是「輪廓不明」。就中以「翻」爲最不好。那末，好的耳相那就是與此五種相反的形象：第一是「長」，第二是「厚」，第三是「貼」，第四是「平」，第五是「輪廓分明」了。就這五種好的耳相來論，當以厚與長爲最好，長是有壽，厚是有福。

就那位老人的耳相來論，它是厚型之相無疑。論他的性情，因爲凡厚形的都是代表忠厚，這在相術上已成爲定論，所以可斷他的性情是篤厚也是不會錯的。至於論他的一生福祿如何，以及六親方面如何，那就比較深一層，不容易斷得準確了。依一般情形論，像這位老人的厚耳相是有福祿也是無疑的；但福祿到了甚麽程度則成問題，而六親情形也更不易斷了，因爲晚景大都有變化。

後來陶半梅給我們指導，他的判斷是這樣：「這位老人乃福人之福人，他一生不勞碌，幼年靠父母的福蔭，中年得賢妻的照應，晚年受子孫的孝敬。」他又補充說：「但是，他是一個庸人，是一個性情温良而厚福的庸人。」

因爲耳運是主一生的幼年和晚年，所以從他的厚相看，斷他幼年靠父母，晚年靠子孫也是不錯的；但斷他中年得賢妻的照應，就不是我們之所能判斷了。所謂得賢妻的照應，陶半梅說，此老娶妻有才兼有財，所以他便一庸到底，有福到底了。這點也是我們在老年人相上不容易看出的。

依陶半梅的解釋，所以斷他是「庸福」，乃因其耳雖厚，而輪廓不明，厚主福祿，而輪廓不明則主爲人無能。如果耳薄而又輪廓不明，則此人必是一生顛沛了。至於他是溫良而得妻財，乃由兩個耳垂朝口角所致，這是一生安閒又得妻財之相；因爲耳垂與口角連成一氣，使鼻中財氣不外洩。同時耳垂有球，顯示晚年享受子孫福蔭。

最重要還有一點，初學的人不容易看得出，而必須用手去捫才能覺察的，每人的耳朶有硬骨與輭骨的不同，耳形厚的，輪廓不明的配輭骨的有福；薄的，輪廓分明的，配硬骨的有才能。後來我們從茶樓夥計打聽，這位老人的夫人，乃淸末日本留學生，歷任揚州一家女子中學校長三十年之久，這位老先生果然一生享福沒有做過事。

三　老報人王新命・兄弟團聚有命

前上海有名的「十教授文化宣言」之一，新中國大學校長王新命，他可以說一生不離報業的老人。他的一枝足以橫掃千軍的筆幹，被喻爲社論董狐，實足以使人敬佩。前幾年他在台灣中央日報寫了一篇有名的「政治的滓渣」，至今也還有人稱道他的氣魄和筆力。

這位老報人，一向身體是衰弱的，經常有頭痛病，每日非服頭痛粉不可。三十幾歲時，朋儕背後都說他不長壽，暗中替他關心可惜；那知當年替他關心的，後來卻一個個都死在他前頭。

和王新命一起做事的，你若問他王新命是甚麼地方人，他們有的會答覆你，說他是浙江人；有的會說他是江西人；也有說他是廣東人；也有人會搖頭說是至今也不明白。是問他自己呢，民國二十年（今年是民國五十三年）以前，他自己也還莫明其土地堂，有時說是浙江人，有時也說廣東人。這不是由於他的胡塗，也不是他的身世有何神秘，而是他的命運有一種奇怪，他的遭遇有一種奇妙。

大約民國二十五年（一九三六年）我們到過福州，在那裏結識了不少當地的朋友，有一個姓祝的，是福州教育局局長，也曾任福建省霞浦縣縣長的，有一天請我吃飯，席間給我介紹一個他的中學同學，是國內有名的福建省立第一師範學校的同學，名叫王愼甫的。此君當時也不過三十零歲的人，而滿臉鬍髭，儼然像一個當時所時髦的印象派大藝術家。

那天我和另一朋友郭君同去，因爲祝君知道我們會算命看相，就把這王愼甫介紹給我們，請我們給他看相，算算命，這位王先生，其貌雖然不颺，卻有一對眼睛黑白分明，光芒充足，我們一看就知道他不是一個冒充印象派藝人的假畫家，而是的確有藝術天才的人。果然王先生對於中國字畫很有成就，當時福州的裴池店壁上常有他的字畫在那裏裝裱的，而一般人家裏也都懸有他的筆跡。

那天郭君就替他看了八字，當然八字是平平，沒有甚麽特點。祝君特別要問的，是王先生的兄弟有幾人的問題，郭君就說王先生的兄弟有兩人，而他自己居次。

祝君和王君聽了都笑笑地說郭君看得不差，但他又問：「依命上看，他們的兄弟情形如何？」意思是說感情如何？團聚情形如何？郭君說：「兄弟似乎不能常團聚，要離別；但感情上說，手足感情卻是不錯的。」

他們又問：「你看他們的兄弟何時離別可以團聚呢？」而郭君那天只能看出「先離別，後團聚，又離別。」卻不能斷定幾時離別幾時團聚。

說到這裏，大家就到飯廳中去用飯了，吃了飯之後，就到另一個客廳裏去坐，因為預備飯後打麻雀，所以飯後就移到內客廳去坐，在這所小而雅的內客廳裏，壁上掛有王愼甫先生寫的畫，上款是寫祝先生的名字，下款自稱是「吉言弟王愼甫」。這「吉言」是王先生的別號。

我們在飯後茶餘閒談之際，我也對王先生的字畫加以欣賞讚許，於是祝君就給我們講述一件有趣的故事，這故事是有關於王新命先生的；不過，故事開始，還是由王愼甫說起。

「你們兩位都是相命專家，讓我告訴你們一件有關命運的有趣故事。」祝先生說：「這故事和壁上王先生題名的『吉言』二字有關係。」說到這裏，祝君轉過頭來，對王愼甫說：「此事還是由你自己說更好，請你接下去！」

於是王愼甫接下去說：「我幼年時是一個低能兒，而且被疑爲一個啞巴，好在我的耳朶不曾聾，所以父母還希望我會說話，大約到了四歲多，才開口說單音的話語。自幼聽見家裏人叫我爲『老二』，而我不曉得『老大』是誰。自幼就雙親先後去世，在胞叔那裏長大的。」

此時我和郭君兩人把他的八字拿出來，一面聽他口述前運，一面校對八字的行運。當然關於他自幼十歲前就失父母也都與八字相符；而他有個長兄也是命中註定的。

「聽叔父母說，我有個哥哥，自幼隨親戚到江西去，但我的記憶裏並沒有哥哥的影子，因爲哥哥自幼離家，失去連絡，也不知死活，後來我師範學校畢業後，第二年要結婚，因爲女家是老式家庭要合婚，我的叔父母就把我的八字拿去合婚。我也第一次看見我自己出生三旦時『定時』的命紙，我就把那時辰八字記下來。」

王愼甫說到這裏，祝君插嘴說：「又有一件好奇妙的事，有一天我跟一個朋友去算命，算命的說我的朋友有一個同胞的哥哥，但事實上我的朋友卻是獨生子，後來他囘去查他的家人，才知他的父母只是他我過繼父母，實際上是他的叔父，而他的伯父母才是他的親生父母，伯父母有一個大哥，便是算命先生所說的他的大哥了。」

祝君又繼續說：「因爲有了這件事，引起了王愼甫的興趣，因爲他聽說自己也有個哥哥自幼離家，始終失去連絡，不知死活，不曉得算命能把他算出否，於是他就把八字也去那家瞎子算命的請算一算，他的哥哥到底死活，有無相會的日子。」至此，祝君又叫王愼甫自己說下去。

「算命先生說我確然有個親哥哥自幼離別，」王愼甫說：「但他雖然不能在我的八字上斷定我的哥哥是死是活，而我的八字走到卯運末年，卻有兄弟相會之象，所以他說我的哥哥可能在世。算命所說的卯運末年，就是民國二十年（一九三一年）。這事當然也只好聽聽罷了，因爲這是相當渺茫的事，姑存此希望而絕不敢作妄想的。」

王愼甫說到這裏，笑笑地轉向祝君說：「現在要請祝先生接下去，因爲那天是祝先生請吃飯，也就是在這屋子裏吃飯而突然和我這位哥哥團聚的。」

「現在讓我把這故事最精采的鏡頭放出來，」祝先生很高興地說：「我那天是在家裏請客吃中飯，主要客人就是老報人王新命先生，那時剛是從上海來到福州，是福建省市兩黨部請他來閩主持黨報總主筆的。那天陪客的有省市黨部的主任和部長，而王愼甫也在座，一共二十四人，兩桌客人中，只有王新命先生是外省人，說的國語，其餘的都是福州人，我們本來都是說福州話的，而那天為了王新命是外省人，只好大家都暫改說國語了。」

祝君滑稽地繼續說：「本來我們大家都要捲起舌頭來說官話，眞是太不方便，所以有時對王新命先生也竟然說起福州話來，王先生倒很滑稽地說，你們教我學說福州話倒是很好的，這話雖然是全中國最難學的方言，而我似幼年在江西，曾有一個親戚是福州人，我聽過他們說話，我似乎也學了一二句，後來卻完全忘掉。」

「飯後大家都來到這內客廳坐談。」祝君繼續說他的故事，他說：「那時王新命先一手拿着香煙，環視了這裏壁間的畫之後，特別站在王愼甫所畫的前面在欣賞。我們看見他站着欣賞，就問他：『王先先生對這幅畫有興趣嗎？請你批評批評。』王新命先生就輕聲地說：『批評不敢，興趣是有的。』他說了，似乎有話要說而又說不下去，因為我們看見他似乎對這畫有興趣，又好像要有甚麼批評，所以在他沒有批評之前，未便把作者愼甫介紹給他，恐怕他有不好的批評，使他兩人都有不雅之處。」

「過了大約有十分鐘，王新命突然問道：『這位王先愼甫是福州人嗎？』」

「『是。』我們答說。因為我們不知他問的是甚麼事，所以仍不敢把王愼甫介紹給他，而王愼甫也不願意就向他自我介紹，說我是王愼甫。

「於是王新命坐在沙法上大抽他的煙，若有所思地對我們說：『我想起一件事，』他拿起嘴上的香煙，指着那幅王愼甫的畫說：『這位王愼甫恐怕是我的親弟弟。』大家聽他這一說，都稀奇起來，尤其是王愼甫本人，站在王新命身邊，更覺心中忐忑不安。

「『我雖然至今還想不起我是甚麼地方人，因爲我幼年曾患一次熱症，可能是腦膜炎，所以幼年的舊事都忘記了。剛才我看見他的別號「吉言」二字，使我突然在腦海裏浮現一幅古畫，那是我有個弟弟，大約五六歲了，還不能說話，起初以爲他是啞巴，但有一天突然開口說話了，所以我的父親在大歡喜之下，就給他取名「吉言」，是取「遲言則吉」的意思。現在他旣與我是本家姓王，而又取名「吉言」我想很可能是我的弟弟。』

「他又對我們說：『你們可以把他請來和我見見面好嗎？可以不必對他說是我的弟弟之事，免得我有冒認之嫌，而我又有奪長之勢，那就不雅了。』

「那時大家哈哈大笑一下，立卽把站在他身旁的王愼甫介紹他說：『這位就是王愼甫吉言了，請王先生和他談談罷。』王新命立卽放下香煙頭，伸手和王愼甫握手，說：

『我們的爸爸是「幼明」嗎？』『是。』於是兩兄弟抱頭痛哭起來了。

「王新命和洒弟愼甫兩人抱頭痛哭的情形，當然感動了在座的許多人，心腸輭的人好幾個拿出手巾在那裏一把熱淚陪着哭，有的人卻以悲喜的心情來向兩兄歡慰道賀，這眞是一場大悲喜的人間活劇。第二天，福州朝報和閩報就把這事情登了一大篇幅的花邊新聞，一時爲福州城裏城外以及附近各縣街談巷議的新聞了。

「後來王新命告訴人家說，他本來自幼就不理會甚麼命相之事；他的夫人是一個極相信命運的人，屢次因爲他身體衰弱，很想給他算算命，只因他自幼就只記住幾歲幾月生日，一向就不知道出生的時辰，也不知出生的地方。他是一個瘦子，而他我夫人卻是一個肥婆，因此就有人說他倆這一對不像天作之合，不能同諧到老。

「他的夫人聽了，暗中又傷心又生氣，夫人問算命的只有年月日而記不出時辰的可以不可以算？算命的說沒有時辰的要先算出時辰才能算。時辰那可算出來呢？原來算命的可把八字的六日寫出之後，從你的六親情形以及過去大事詳細問明，就可以斷定你的時辰的，把過去的事細問了之後，算命斷準了時辰之後，就說：『你現今已有兩子，明年還要得子。』」

「夫人就問：『以後情形如何呢？』算命的說：『以後壽到古稀，老時帶病延病，夫妻到老。』夫人聽了，正在微笑之際，算命的又說：『但是，將來恐怕有納妾之事。』這一下可把夫人怕極了，她懊悔今天帶他來算命了。算命的也曾說過，自幼離開父母之鄉，與親弟分離之事，將來也會有一天團聚的，但好景不常，不久兄弟又要離散。」

奇怪的是，王新命和弟弟慎甫在福州團聚不過一年，他又攜眷到上海去了。之後在上海辦新中國大學、濱海大學，之後抗戰發生，他留下夫人和兒女在上海，自己到重慶去。當抗戰勝利回到上海，卻帶了一個「抗戰夫人」回來，那時他住在上海哈同路還是小沙渡路已記不清楚了，我去看他時，沒有見到抗戰夫人，只見到肥婆型的元配夫人。夫人因爲是一個相信命運的人，對於抗戰夫人之事，似乎安於命運，也對她沒有「抗戰」之意了。

四　一貴抵九賤．一賤破九貴

人相的大體區別有六類，就是所謂「格局」。這格局是相對的，有這樣的六個區分：第一是「厚」與「薄」；第二是「善」與「惡」；第三是「壽」與「夭」；第四是「貴」與「賤」。再簡言之，這六個體系十二個格局只是兩個主要類型：外相以「厚」與「薄」爲主，內相以「善」與「惡」爲主，這是人相的兩個基本格局。

看相的藝術所謂「貴格」，是「好的格局」，並非「尊貴」之意，若說此相「主貴」，那就是尊貴的意思了，貴格是說格局高貴，如善相、福相、壽相、厚相、貴相等，統統屬於貴格主貴之相，則是單言從政居官之相。

相術中有所謂「一貴抵九賤，一賤破九貴」的話，意思是說相中雖有多種的賤相，若有一種重要的貴格，就可以把多種的賤相抵消；反過來說，若是有一種重要的賤格，那末縱有多種的貴格，便因此而破相了。

我們常聽「破相」這句話，那是指面上五官或四肢有先天或後天缺陷或毛病的意思，一般乃就美容方面言，有破相的人便有醜陋或美中不足之意。就相術方面說，破相人也必有其缺陷，比如說左顴上有一塊外傷的疤痕，這小小的破相，在美容上是美中不足，而在命運上，就有使四十六歲那年發生不如意之事，如自身生病或刑尅六親之事；因爲四十六歲行運在左顴的關係。

從前北京看相人士對於「一貴抵九賤，一賤破九貴」的相學論據，大家都有濃厚的興趣，而北京又是研究這個問題最好的地方。

因爲北京是歷代首都所在，不特隨時可以看到達官貴人們的本身，也可以看到他們的夫人；不特可以看到京官，也不時看到封疆大吏的外官。其中十全十美的高貴相格固然有，總是少數，而「一貴」之相當然較多。十全十美的相容易看出，而「一貴」或者「一賤」之相就不容易看出了。

看貴的可從達官貴人及其夫人去看；看賤相的，在北京也容易看到。有高官必有走卒；有貴人必有僕役；有夫人必有妾婢，貴人都可以看到，而賤人則更容易看到了。當然，卑賤的人比尊貴的人多得不止倍蓰。

在北京要想研究到賤相的，還有一個好去處的地方，那就是妓院所在的八大胡同。

在那裏可以看到「花國總統」的美人，也可以看到她們僕役女傭。無疑的，美人在俗眼中是高貴的；但妓女在相格上卻是下賤的，爲甚麼有的一品夫人是美艷的；有的是醜陋的呢？爲甚麼同樣美艷，淪爲靑樓中人呢？爲甚麼同樣醜的偏淪爲靑樓中的僕婢呢？這便屬於「一貴」和「一賤」的相局問題了。

有一次先母舅鄭先生和幾位業餘相學者，同道去玩八大胡同，那裏，眞正可以說是「美人窩」了，他們對於貴賤的判斷富有經驗，大多數一看就可以判明其一賤在那裏。就生理言，女人的相是「顯露」的，男人相反是「隱藏」的；所以女人貴賤的比較容易分辨。當時他們卻也有發現不尋常的相格，卽妓女中卻有貴當一品夫人的尊貴的。

當時有個名妓芳名「彩鳳」的，眞正是蘇州蕩口的土產。（蘇州出產美女並非產於蘇州，產美女的地方卻在蘇州城外一個蕩口的地方。）一個名妓當然是一等的美艷無疑，自古有「紅顏多薄命」的話，當妓女當然就是一種薄命。等到春殘色衰才嫁人，也是一種薄命，縱然當紅的時候被高官貴人娶去，也難免此身作妾，仍然薄命。當過名妓的大都不能生育，「美而無子」和「妾侍無出」，也是薄命的一種。名妓能嫁爲達官貴人寵妾，已有薄命之嫌，而年齡相差太多，與老夫不能到老，縱是夫死再嫁之類，不是更薄命了嗎？

在美人尤其是妓女身上，既然可以歸納了這許多的薄命事實，那末這薄命之相在那裏呢？既然她們的特徵是美艷，則無疑的這毛病是發生在美艷上面了。這是「美艷」相和「薄命」人連在一起的一個事實，其理由何在，當另有所論。最主要的，就是「美」與「厚」是衝突的，不和諧，厚是「福相」，則美便屬「薄命」了！

不過，當時先母舅他們在名妓彩鳳身上並沒有發現甚麼特別的薄相，依他們就相論命的判斷，彩鳳不該淪爲妓女，而且去年應當出嫁，雖然不能嫁爲貴人之妻，卻能作富人之婦，然而，她竟作了北京名妓已經五年了。

這個名妓彩鳳的相貌問題委實使這位北京的業餘相術研究專家發生了很大的困惑。他們都承認，如果彩鳳不說自己是一個妓女，跑來請他們論相的話，他們無疑的要說她去年已嫁與富人爲妻。富人之妻，在女相是貴格，而今她是妓女，竟係賤格，這將是何解呢？

經過了他們一段的暗中調查，發現彩鳳一件秘密，她確於去年十八歲「破身」了的。同時也查得，那破身的客人是天津一個富商，破身的身價是一萬元。這事和他們所論斷她去年當富人之妻是有一半符合了，所差的她不曾「嫁」，也不是「妻」。

這一事實，在表面上好像和他們所論斷的相差不多；但在命運上而言，卻是相反的；因爲女人出嫁是「吉」事，是有「福氣」；而女人的賣身破身卻是「醜」事，而且是「災禍」。因此他們面對這「失之毫釐，差之千里」的原由不能不再追究了。

不久，相術泰斗老釣金鰲剛遊歷南方回到北京。這幾位業餘看相先生本是老釣金鰲的好友，就想把這事向老金釣鰲叨教。有一天中午，他們打聽彩鳳在前門一個館子裏和幾個老太太一起吃飯，那幾位老太太都是妓院的人物，而也是商場上的幾位富商的老太太，其中有一位老太太的兒子要娶彩鳳爲塡房，今天他約了幾位老友一同吃飯，爲的是彼此談談，大家過過眼，替兒子相親的。

就乘此難得的機會，他們去請老釣金鰲也到那館子裏去吃便飯，要請老釣金鰲把彩鳳看看相，看他的斷法如何。因爲老釣金鰲沒有見過彩鳳，原不知她是妓女；而今天彩鳳爲了給商人老太太相親，特別一表淡粧，和良家婦女沒有兩樣，一點也看不出妓女的樣子。希望在此種情形之下，看看老釣金鰲的犀利眼力到了甚麼程度，好讓他們能在彩鳳身上學到一點寶貴工夫。

果然他們先去兩人，選定了和彩鳳鄰座的桌子。一會，彩鳳由一位中年婦人陪她來了，而老釣金鰲也由兩位看相的朋友陪他來到。

他們不願被老釣金鰲發覺他們今天爲着看相請他吃飯，所以他們正在找機會談到相術，談到鄰座幾位女人的相格，當然這是不難的問題，他們相見原是「三句不離本行」的。

「老先生，此次到江南去，必定是『欲窮千里目，更上一層樓』了，南北人的相確有所不同嗎？」他們之中有個郭先生發出這話題。

「是的，行萬里路勝過讀萬卷書，」老釣金鰲說：「不特得到了南北人相的重要不同，更有許多新的發現，有的是地理上的因素；有的是人事上的因素，可以說是無奇不有，盡美盡善，對於相術至爲寶貴。」

此時，郭老生就用眼光指着鄰桌的那幾位老太太說：「南北人相的確有顯著的不同，就是隔壁這幾位老太太，也可以分辨出來誰是南方人誰是北方的。」

自然地，老釣金鰲就轉頭向右邊桌子一看，無巧不成書，正在這時候，右邊桌子四位老太太和小家碧玉型的彩鳳之中，有一位老太太認識老釣金鰲的，她和他兩人彼此看了就互相点点頭。老釣金鰲是北京老牌泰斗，認識他的人當然很多，而他不一定認識對方，只是他看見有人向他點頭打招呼，他總要點頭答禮的。

一會，這位與老釣金鰲打招呼的老太太竟然走過來，對老釣金鰲說：「老相師，你認得我嗎？我是賀太太。上個月我帶張先生夫婦看你，你說他們這個月驛馬動要到南方去，他們眞是前五天走了，到了杭州做事去了。」

「噢，賀老太，賀局長好嗎？一年多我沒有見到他，謝謝老太太給問問他。」

彼此客套幾句之後，賀老太就對老釣金鰲輕聲地說：「老相師，你今天來得眞是湊巧，我今天陪老朋友裘老太來相親。我剛才給裘老太說過你在這裏，她是從天津來的，雖然沒見過你，卻也素仰大名，意欲等一會請你到我們桌子上閒談一下，飲兩杯酒，請你看看那年輕的姑娘相貌如何。我們土眼看來很漂亮，也不輕薄，但不知有無相夫相，有無兒女相，將來能養幾個男孩，今年有無喜星，和一個三十歲的男人結婚是否能美滿？」

這樣一來，郭先生和先母舅諸人肚子裏都在好笑，他們所計劃的竟然這樣湊巧，現在用不着轉彎抹角去向老釣金鰲求教了，等一會他們可以公開地大家提出意見向他叩教了。一會，老釣金鰲就被賀老太請到隔壁桌子上去了。

裘老太和賀老太當然以老釣金鰲為座上客，就請他上座，也正好坐在彩鳳的對面。賀老太就先把彩鳳介紹，說是李小姐；再把老釣金鰲介紹，說是張三爺，以後就稱張三爺，不稱他為老相師了。

老釣金鰲大約坐了半句鐘頭，飲了幾杯酒，上了幾件菜，也和李小姐彩鳳談了幾句話之後，就回到原來自己老朋友的桌子。當然他們不會就談到看相的問題。大約又過半句鐘頭，她們那一桌先用完了飯，就走了。走的時候，賀老太過來對老釣金鰲說了，回頭去看他。

於是她們既走之後，他們就開始向老釣金鰲作巧妙的、挑戰的談起關於彩鳳的相親題了。他們依舊由郭先生發難先說話：「這位姑娘是少婦了不是閨女，她們為甚麼還要這樣隆重的相親呢？」郭先生這話明顯的就帶有挑戰式的，他明說她是少婦不是少女，意思是向釣金鰲試探能看出這一點沒有，這雖然不屬於相學範圍。

郭先生之所以敢出此斷言，為的是他們已經知道彩鳳去年曾被人破身了的；其實，如就外表上看，彩鳳的儀態是少女型，僅僅一次破身，體態上並沒有甚麼顯著的變化，不可能就看出她是少婦而非處女的。

釣金鰲聽了郭先生的話頗覺奇怪，因爲他認爲這位李小姐的相局，乃屬於「一賤破九貴」的相，一般看相先生是看不出的，就目前北京的看相同業，也許只有老釣金鰲才能看出來的；既然看不出此相，就不能看出她是一個娼妓，也看不出她已破身；而今天老郭何以會知道她是少婦而非閨女呢？釣金鰲心中這樣想，於是就笑道：「郭先生，你到底是從她的相看出來呢，還是你認識她的『挂紅客』呢？」

大家一聽釣金鰲這話，一面大笑起來，而一面卻也覺得他的眼力實在太高明了，因爲「挂紅客」就是妓女的破身客，釣金鰲這一句話把李小姐彩鳳的身份比郭先生說得更清楚明白了——她是已經破身了的妓女。

這一下卻使他們太高興了，於是先母舅就對他說：「今天我們請你來吃飯，原是想來偷看她的相貌的，想不到這樣湊巧碰到賀老太，你也不用偷看她了，我們也可以領教了。」

接着郭先生也笑着說：「自你到江南去之後，我們羣龍無首，碰到難題時無處可問，而自己也找不出道理來，對這李小姐彩鳳的相，就是一個難題，我們也知道這必定屬於一賤破九貴的格局，但看不出其一賤在那裏。」

「我們只能看出她去年宜嫁爲富人婦，」先母舅接着說：「但我們只是看得半對，還有一半卻不對。」

「這是你們沒把她一個基本問題弄明白的緣故，」釣金鰲說：「像她那樣的儀態，若是不把她的『眞貴』或『假貴』的基本問題先弄清楚，那就很容易把她斷錯的。」

他對郭先生剛才所提的問題，也一起解釋說：「郭先生所說的當然不錯，她是屬於一賤破九貴的格；這一格，就是在眞貴中也可能發現，雖然很少見，但萬不可忽略。」

當時郭先生和先母舅諸人，都是北京各部中科長級以上的京官，在北京業餘看相算是很到家的，雖然不能與職業的老釣金鰲和業餘的秦四爺二人相比，卻在一般相家之上；但對於「眞貴」和「假貴」問題還沒有弄清楚，而對於所謂「一賤破九貴」的相格，也只能看出「明賤」，對於「暗賤」也還不够功夫去推斷的，於是他們先向老釣金鰲叨教關於眞貴與假貴問題。

依舊由郭先生發問道：「老師，你可以指示我們一點關於眞貴與假貴的要旨嗎？」

他又繼續要求解釋說：「這問題過去是和一貴抵九賤，一賤破九貴混在一起的，到底是不是混在一起呢，還是應當分開來談呢？」

「這相格的本身分開的，眞貴假貴問題乃相的『正格』；而一貴抵九賤問題是相的『奇格』；一賤破九貴，則屬於『破格』了。」老釣金鰲又解釋說：「不過，一個人的形象大都混雜不純，所以有的是混在一起的。就以這位李小姐爲例，她的相局便是『假貴』而又『破格』的。」

此時郭先生就說：「我們的確看不出她的假貴，我們知道了她的情形之後，當然承認我們推斷的錯了；然而，我們也只能推斷她當屬一賤破九貴的格局，卻也不能推斷她的破相在那裏，當然不是明破而是暗破。」

說到這裏，他又轉問道：「到底暗破的相，有沒有方法看出的呢？」

老釣金鰲聽了郭先生的說話之後，就微笑點頭道：「暗破的相，大體上是有方法看出的，要向鼻、眼、唇和音色四方去看的，不過，這段功夫委實不容易，既需要天才，又需要經驗。至於眞貴與假貴問題，似乎還比較容易，只要你們能先學『婦氣』的功夫，就不難明辨，現在你們對這一們功夫都未曾學過，自然只能就形象上看，而不能向氣象上看了。這是你們基本上的不足。」

「望氣功夫我們是外行，現在一時也無法向你叨教了，我們今天希望能對李小姐彩鳳的一賤破九貴的看法學到一點你老的寶貴經驗，要從鼻、眼、唇和音色上去觀看，可否就這四方面指教一點呢？」接看，老釣金鰲便侃侃而談地說：「今天只能和各位說一點原理性的東西，你們聽懂了這原理，就會相信暗相是可以看出的，只問有無此種經驗罷了。看鼻，主要是看某種紋路，男的看妻，女的看夫，有某種紋路發現的，便是妻宮或夫宮有某種缺陷；看眼的主要看光芒，缺點就是桃花眼，暗有淫光的眼，便是女人的破相。看唇，主要是顏色，有某種顏色的，便是「陰臭」的暗中破相，是賤相，不得男人歡心。看聲，主要聽她的音色，某種聲音是表示閨房之事有某種缺陷，既為淫婦，又為棄婦。」

說到這裏，釣金鰲就暫停一下，讓他們去想，這些所說的，除「桃花眼」是他們所熟悉之外，其他都是他們所要知道而無從研究的問題，於是他們就問：「依你老先生的看法，在彩鳳身上發現了甚麼暗破的相呢？我們的確所學有限，明明知道她為娼必有破相，但始終不能看出她的破相在甚麼地方，今天要請你指教了！」

釣金鰲說：「彩鳳的破相在於聲音和唇色。那種顏色平時很不容易看到的，因為她們是點着朱唇，無法看到其本色的，今天眞是湊巧，她是爲着相親來的，本來已點得不太濃，又在喫飯時退了那紅色，所以才被我看得淸淸楚楚了。他又解釋說：「我想，去年他的那位破身客，就因爲這破相，所以不想要她了，你們無妨打聽看是否事實。」

郭先生聽了釣金鰲說了這段話之後，就想趁此機會，向他學到這秘訣，笑笑地說：「我們對於彩鳳的嘴唇顏色固然不會見到本色，就是能夠看到，也不知分辨。至於她的聲音，我們根本就不會發現有何破相之處，可否請老先生就以彩鳳爲例，給我們一點寶貴的指示？」

老釣金鰲也笑笑地回答說：「我頭先說過了，這工夫不是太容易，也還要靠經驗，絕非今天三言兩語可以說得淸楚的。」他又打趣地說：「好在你們各位都不靠這道吃飯的，就是不知道也無妨，這秘訣留給我老頭子混飯吃，倒也是應該的！」大家笑了一聲，就不再問下去了。

下午，賀老太陪着裘老太來看老釣金鰲。賀老太先開口：「裘老太的第二少爺，娶媳三年沒有生育，算命的說，正房子息不旺，要偏房先得子，所以他想娶李小姐爲妾，你看可以娶嗎？」

「娶妾若是娶色，當然要娶妓女；裘老太少爺既欲早生貴子，則何必要娶她呢？」老釣金鰲說：「裘先生今年貴庚呢？是商界中人嗎？是李小姐彩鳳的熟客嗎？還是別人介紹的呢？」

「小兒今年三十八歲，在天津做生意，他不是彩鳳的客人，是別人介紹的，說她相貌、性情都很好，雖是北京名妓女，看來卻像一個小家碧玉。」裘老太說：「當然因爲我的第二媳婦老了一點，所以他也喜歡能娶彩鳳，他們曾經見過兩三次面的，彼此似乎也談得來，所以要我今天過過眼，眞是湊巧碰到你，看看她的相，當然更好了。」

釣金鰲頗有爲難的樣子，說：「如果令郎已經決定了，就不必我多說。他本人是否相信相命之事，也是一個問題，如果不相信的，我說的便是多餘了。」

裘老太答說：「小兒是相信相命的，他也把她的八字拿去算命，但因她的八字不正確，所以看不準，不如看相的好。他也托兩個朋友去看過，都說彩鳳的相不該爲妓女，將來必嫁金龜婿，相夫益子，後福綿綿的，所以他才有意娶她。」

裘老太又解釋着說：「不過，他也沒有決定，要等我今天和賀老太兩人看後，我中意了，也要請一個看相先生過過眼，也還要卜卜卦的，我們商家不比官家，娶妾也不是容易的事。」

「依我看來，這頭婚事是不成的，」釣金鰲說：「第一、彩鳳的相貌雖然很美，但她在二十五歲以前不會嫁人，而且她要嫁一個比她年長二十四歲以上的人；第二、彩鳳雖有相夫的相，卻是沒有子息的，這和令郎娶妾生子的目的有違；第三、她雖然有一派美麗的儀容，但因暗中有破相，所以她雖是作妾，終難有如意的郎君，今天我已看清楚了她的相，用不着再請別人看了。」

裘老太雖然把這話告訴她的兒子，而這位天津殷商次子的裘先生，因喜愛彩鳳的美貌和艷名，仍想娶她爲妾。但因聽說老釣金鰲對她的相有如此說法，就不能不稍加考慮一下。當然，所最引起他的特別注意的問題，就是彩鳳的暗中破相和不會生育問題，不會生育問題雖無法知道，而暗中破相問題卻可以想法知曉的。

這問題不特裘先生要想知道，而那幾位業餘相術的郭先生們也急於要知道的。只要有人想知道，這事當然不難打聽出來；因爲彩鳳既是一個名妓，而她的破身客當然不難打聽得的。只要能夠打聽這位紅挂客的姓名，就不難從旁打聽她的秘密了，這是他們認爲有把握的事。

果然不久他們從天津商界中人打聽出來了。果然彩鳳除「陰臭」外還有一種床笫之間的怪動作，所以她那位破身客一試就不敢再試了。雖然彩鳳靠着艷名和容貌的美麗保持有五年時間的紅運，其中當然也曾接過客，而她的客人大都「淺嘗輒止」，絕不再度春風。於是五年紅運之後，二十三歲起彩鳳就走下坡，漸漸門庭冷落了。

二十五歲那年，彩鳳嫁給鹽務稽核所裏的一個職員爲塡房，此君姓章，原也是彩鳳門庭冷落之客人。章先生是稽核所的老職員，當時稽核所的薪俸比北京任何政府機關都高，但因他的職不高，當彩鳳艷名在北京紅得發紫的時候，章先生還不夠攀得上彩鳳的門庭，直到彩鳳二十三歲顏色漸衰，艷名低落之後，才有機會幡然得作這位過氣名妓艷姝彩鳳的入幕之賓。當然，彩鳳二十四五歲時還是很美，但她之所以艷名低落，許多人都不知道其原因，而彩鳳自己當然知道，章先生則亦莫名其妙。

章先生年長彩鳳二十五歲，他和彩鳳結識時已是四十八歲了。妓女對於嫖客，當然不論甚麼年齡，但若論婚娶，彩鳳二十五歲那年，章先生已是半百的老人了。爲甚那章先生會取她而彩鳳也願嫁他呢？原來章先生是一個沒有臭覺的人，甚麼香味他都聞不出，所以他對於彩鳳的陰臭毫無知覺。後來又發現章生先又是一個純陽體的人，工於房事，對於彩鳳某種怪癖，卻是旗鼓相當，所以他們兩人的結合，也可算天作之合了。

關於破相的事，明破易見，暗破難看，像彩鳳這樣的破相，釣金鰲卻也能夠把它看出，可見一個人的內五行和外五行確然是配合的。從前上海有個花國總統艷名叫白芙蓉的，也是一表富貴相，卻淪爲娼妓。有幾個上海工商界的聞人對於相理有興趣的也知道這是關於暗中破相，但不知破在何處，後來從她的姊妹中打聽，原來白芙蓉有一種暗疾，每夜睡中都會放屁同時洩尿。

當時上海許多有名的中西醫，白芙蓉有的是錢，她爲避免醫生們以及在醫生處看的病們人認出她是花國總統，因爲此病若被社會傳出，自然對她的艷名大爲不利；所以她每次去看病，都是化裝一個女學生的樣子，又托一個知心的姊妹，也化裝爲人家少女，陪她同去的。

但是，她花了很多錢，也到過蘇州一家美國教會開的醫院去看，也不得要領，有一次她又到蘇州，路過觀街玄妙觀時，看見那裏有一家看相的，她倆手帕姊妹就進去了。因爲那時正是民國初年，學校女學生的裝束是頗引起路人注意的，而女學生們也是很文明，很出風頭的，因此，當她倆姊妹走進相館時，不特街上的路人看得奇怪，就是坐在門口招待顧客的挂號先生，以及坐在堂中的看相先生也覺得奇怪了，女學生爲甚麼也會來看相呢？

等到她倆說明要來看相，門口挂號先生就請看相先生的太太出來，招待她們進入屋內去，在蘇州的老式房子大都三四進的，一面把她們請進內屋，一面對門口的看熱鬧的人說：「這兩位女學生是來看朋友，不是來看相。」因爲若是不這樣做，頃刻之間，相館門口就會擠滿了人的。

白芙蓉看見看相先生，就對他說：「我姓王，請你給我們兩人看看相，將來運道如何？我們的學業前途如何？我們身上有甚麼疾病沒有？」

每個看相算命先生都能觀察人的心理的，他一聽白芙蓉這樣說法，馬上就看出她的心理是在問身上有甚麼疾病的。關於將來運道和學業前途都是未來之事，隨便你怎麼說都可以，而身上有甚麼疾病那是眼前的事，說不對馬上不靈了。

原先，看相先生也以爲她倆是女學生，沒有仔細看相，以爲這兩個女學生必定爲了考試或戀愛問題來請教的，因爲當時學校有官費生的考選，而民國初年的男女學生的戀愛問題也鬧得正兇。但一聞她問起身上疾病問題卻覺得奇怪了，年青女子看來也不像有甚麼了不起的病的，二十歲左右的女學生如此嚴重似的來問病，莫不是因為月經突然停了而怕「未出閨門先有子」嗎？

於是看相先生就先就這一點觀看白芙蓉的相局。奇怪，看來看去，不特看不出她「先姦後娶」的相，而且是一個出身富貴之家而將來嫁得貴在三品以上的金龜佳婿。

「依你的相局看，不特前途甚好，就是眼前也是富貴之家的排場。」看相先生說：「我說的對不對呀？」

「說對，也可以說是不對的，但不知你所謂富貴是怎麼樣的情形？」此時白芙蓉自己在想，年來自己是上海名妓，有的是錢，當然可算是「富」了，而今又當為花國總統，不也是「貴」了嗎？所以她才問看相先生：「所謂富貴是怎麼樣的情形？」

看相先生說：「你年尚輕，似未正式嫁入；但你已與富貴之家訂婚了的，所以你的名份已是富貴的了。」這話卻把白芙蓉兩姊妹嗤的一笑，認為說得太對了。她們只希望能把身上的病看出來，也把將來嫁人的事說出來，倒不願意看相先生把她當妓女的身份說出來，所以她轉彎問：「那末，能看出我身上現在有甚麼病嗎？」

「就外相五行看不出有甚麼緊要的病，有的話那一定是一種暗病，是沒有甚麼痛苦的暗病。」這話又說對了，白芙蓉聽了兩人又嗤的一聲，笑了：「你說的眞是對了，但不知我病幾時可以好呢？」

其實，看相先生這話並不是根據相術上看出來，只是就常理上推出來的；因爲他看看白芙蓉的年齡，體態和氣色等都不像有甚麼重大的疾病，所以他便認定，如果有病只是暗疾了，因爲他不會從相上看出暗病，當然無法斷定此病幾時能愈；於是他只能就白芙蓉的相，看出後年可以嫁人，就以此爲據，說她後年此病當能痊愈。

從一開始談相看相先生對白芙蓉的相，始終存有疑問：到底她已嫁了的，還是未嫁呢？本來依俗眼看，一個少婦和少女是不難分辨的，但因白芙蓉的相局很特別，有的地方像少婦，又有的地方像少女；有的地方似是有夫之婦，又有的地方又似待字閨中；所以他剛才對她說：「你年尚輕，似未正式嫁人。」好在白芙蓉自己心裏有數，也不欲自己的身份被說破，不然，這「似未正式嫁人」不等於說她已經非正式嫁人了嗎？

事實上白芙蓉已經接過客，確已非正式嫁人了的，但因看相先生對這問題自己覺得工夫還未到家，同時也發現了白芙蓉是屬於一個「奇格」的相，於是他有意把和她談相的時間拉長，一面叫她太太去附近請他的老師來指教。

白芙蓉聽見他的暗病後年可以痊愈，心中當然十分高興，就問：「那末，此病既要等後年才能痊愈，現在是否不用去醫？醫也不是醫不好嗎？」

「是的，」看相先生答：「到了後年你有好運來臨，此種暗病自然而然會痊愈的，現在不醫也無妨，醫也無害。」

接着就替另一女子看相，她是陪白芙蓉來的，也是女學生打扮，自已說是姓陳，她和白芙蓉差不了多年紀，也差不多漂亮，在普通人眼看來，一切都差不多。原來這位女子是當時上海花國副總統蝴蝶花。她自已說比白芙蓉大兩歲。其實她倆的年齡都是報小不報大的，看來不只二十二歲。

看相先生看了蝴蝶花的相之後，大吃一驚，這一驚不在蝴蝶花身上而在白芙蓉身上。因爲蝴蝶花是一個名妓女的相毫無疑問。那時看相先生心想，她既是妓女，那末她的姊妹王小姐，何以我看不出她是妓女呢？因爲有了這種發現，又有了這種新意念，使他對王小姐的相有了發揮。

「你們兩人的相貌雖然不同，而格局卻是一樣；」看相先生對蝴蝶花說：「不過，王小姐的相屬於隱藏型，而你的相則屬於顯露型罷了。你們倆都是女學生打扮，而我就你倆的相看來，卻都不是學生，但因你們既要裝成女學生，當然有你們的理由，我也就不便明說了，好在我剛才對王小姐所談的，大部分對你陳小姐也可以用，只是王小姐身上有暗疾，而你卻無暗疾罷了。」

本來像白芙蓉和蝴蝶花這種上海名妓，她是不怕暴露她們的妓女身份的，因爲她們是花國總統和副總統，這艷銜在她們心目中是無上榮耀的事。但因那天的情形不同，第一、當時因爲社會人士正在捧女學生，因而各都市中秘密賣淫的女婦，年輕的常常冒充女學生，藉以抬高身價，所以政府會有法律取締此種娼妓的；第二、那天她倆是在蘇州不是在上海，蘇州人地生疏，萬一出了事，沒有人能作有力的幫助的；第三、她倆剛才進來相館的時候，街上就有許多人看熱鬧，若是被他們知道原來這兩位來看相的女學生是上海妓女而且是花國總統，那一定會被蘇州警察局逮捕去開大盤講大價的。

於是白芙蓉就急急插嘴說：「先生，你的相法眞是高明，我們今天因爲要來蘇州東吳醫院看病，裝女學生可以方便許多，當天就可以囘上海去的，我們並不是旅行，也沒有住旅館，我們穿學生裝並沒有其他用意的。」

「是的，我明白你們是甚麼身份，你們在上海一定是很有名氣的。」看相先生又對白芙蓉說：「王小姐，現在我向你聲明一事，因爲你的相格和陳小姐一點不同，我想進一步研究，所以我剛才叫我內子去請我的老師看一看你的相格和氣色，希望他對我有所指導，當然也可以對你有所指示，請你多坐一會，也不必誤會。」

看相先生話剛剛說完，果然看相先生的太太領了一個七十多歲的老先生進來。老先生是蘇州的名相家，他來時已經知道他的徒弟有難題待他來解決的，所以一進門就注視她們兩位，看相先生就把她介紹給老生，說是一位王小姐，一位姓陳，是由上海來到蘇州東吳醫院看病，順路來此看看相的，請老師過過眼。

老相師坐在王小姐和陳小姐對面，只看兩眼也只說兩句話，就微笑地對她兩位說：「你們兩位爲甚麼要裝成女學生呢？這是犯法的，你們知道嗎？」這一句話就把白芙蓉和蝴蝶花兩人嚇得滿臉發紅了，這話等於明言你們兩都是妓女，不該喬裝女學生的。

「是的，老先生，我們剛才已對你的高足聲明過的，只是爲着到醫院看病便當一點，沒有別的用意。」白芙蓉繼續客氣地說：「請先生多多指教關於我們的前途。」

老相師看見白芙蓉承認了自己的妓女身份，又如此客氣，便也客氣地對她說：「你們兩人雖然都是同樣的身世，但是，就你們兩位的相局看，眼前雖然是一樣，而兩年之後卻大不相同了。」

他轉過對他的徒弟說：「你看出了這位王小姐是貴格暗破的情形嗎？」

「看出了貴格，但暗破還未看出。」看相先生又指蝴蝶花的相說：「這位陳小姐的相局倒很容易看，她是青樓正格，而王小姐卻是三品夫人的正格；然而，她過去又和陳小姐同是青樓姊妹，這一點就沒有看出。」

老相師便指示說：「這就關於唇色和聲色了，你要注意她的下唇和兩口角的顏色；再要留神聽她尾聲音。唇色是雜滯，聲色沉兼洩，所以她必患夜尿並腸風洩氣症。兩年之後，必遇貴人，又逢驛馬，當有金輿之後，此疾當因易地痊愈。」

此時，看相先經老相師的指點，便對白芙蓉說：「你現在雖有富貴之名，卻無富貴之實，必須再過兩年，到了二十一歲，才能眞正富貴的運途，那年你應嫁貴婿，他是三品以上的現任官員，你該是他的塡房夫人了。那年，你又要驛馬動，是從南方到北方。」

白芙蓉聽了「三品」兩字不大瞭解，就問：「三品官銜到底是甚麼官呢？一個縣長是幾品呢？」此時她記起前幾年上海會樂里有個妓女名喚紅玫瑰的，嫁給浦東一個縣長的事。她想，如果自己到了二十一歲也能嫁一位縣長的話，也夠體面了，所以她滿心在希望看相先生的回話，說縣長是三品官，那她就樂極了，自己當起縣長夫人了。

白芙蓉這一問，卻把老相師和看相先生都問哈哈大笑起來了。看相先生當時搖搖頭說：「縣長，這小烏紗，在官職中只是七品官的，比之三品京堂，小得太多了。」

「那末，三品官堂是甚麼官呢？」白芙蓉很着急地追問：「眞的我也有這大的福氣嗎？」

看相先生答說：「一個人不論男女，地位福氣大小都在面相上註定了的，你的福氣不止七品夫人，你要嫁給七品官也不能。一個三品官，在北京的京官論，好像各部的次長；在各省的地方官論，好比各省的廳長。你曉得嗎？各縣縣長乃由民政廳廳長委派的。」

說到這裏，白芙蓉內心雖然萬分暗中喜樂；但她一想起自己那種怪討厭的暗病，自覺又懷疑起來。她想，未來的廳長丈夫，看見她每夜都要放臭屁、洩尿水，不會討厭得把她休棄了嗎？於是她又問：「先生你說我的病會在兩年痊愈，眞的會不用醫而自己會痊愈的嗎？我的相，將來嫁人之後會有變化的事情發生嗎？你說那時又有驛馬，由南向北，這又是甚麼意思呢？」

「剛才老相師說你的相和陳小姐不同，就是這個意思，你兩年之後嫁作三品官的塡房夫人之後，不會有變化的。至於你的暗病，到那時也會好，而是在嫁人之前痊愈。所謂驛馬，就是說你那時要離上海到別的地方去的。按那時的情形，應是由南向北走，那就是應由上海向北行，如去北京或天津之類。同時，你是驛馬先動後喜神才動，換句話就是說，你先到北方去，之後才嫁人。」

後來的事實，白芙蓉二十一歲那年春天，有一個北京財政部的鑄幣局局長，是當時總統黎元洪的親戚，從北京來到上海，調查有關幣制上的問題。江南人士就依北京當時的官場風氣接待他。於是他就在幾次花酒中和白芙蓉熟識了。那時這位局長正斷絃才滿一年，因爲他的前任夫人乃北京的名妓，嫁他後甚爲賢德，因此他有意娶白芙蓉。

但他公事忙，不能在上海多逗留，到了北京之後，又托人向白芙蓉致意，說是他希望她能夠去北一行，繼續商談此事。白芙蓉當碰到這位局長時，就知道他是三品京官的，當然她是極願意嫁給她的。

但是，在白芙蓉心中無論如何對於自己的暗病不能不躭心，她深怕嫁後因此被休棄。因爲她曾有一次把此事請問過律師；律師說，若是婦人有此種可使任何男人討厭而又不衛生的病，法律上是允許男人向法院請求和她離婚或分居的，所以她對此事甚費躊躇；因爲不說固然怕的是婚後破裂；但事先一說，也可能使對方聞而退避三舍。最後她決定到北京去的第一任務就是要把這暗病告訴鑄幣局局長，看看她的意思如何，再說其他問題。果然她一到北京將暗疾告知了得方，要鑄幣局局長重加考慮。奇怪得很，鑄幣局局長聽見白蓉芙有此暗疾，不特不覺得驚異，而且反覺對此病頗有興趣似的說：「你有此病嗎？不要怕的，只要你肯給我生一個男孩子，這病就會好的。」鑄幣局局長本是白芙蓉的熟客，現在且到了談商娶她的問題，當然彼此說話可以隨便些，所以此時白芙蓉看見他這樣打趣的說，她也就刁皮地說：「如果我此病能痊愈的話，我就給你生十個男孩子都很甘心樂意的。」

因爲鑄幣局局長是一個倜儻風流，最會說話的人，白芙蓉又怕他不是說眞話，而是官僚的手腕，故意口頭說得如此好聽的，因爲她不相信一個男人不討壓她有此種不雅的暗疾，於是她就特別鄭重地向局長說：「我不是說笑話的，而你眞的不討厭我此種病呢？還是說說笑話的？」

局長囘答說：「我和你一樣，也不是說笑話的。不過，如果你自己對病也不討厭的話，我當然也是不討厭。但不知你自己是不是討厭？」

「這病還有誰不討厭的？」白芙蓉說：「就因爲我自己討厭，所以我嫁你之後使你討厭，與其將來彼此不歡而散，不如現在把此病先告訴你，讓你現在再考慮，彼此也還沒有損失，我日內就可以回上海去，過我的日子。」她不禁潛然下淚，傷心極了。

「請你不必傷心，我雖然和衆人一樣，也討厭此病，但我和衆人不同，我知道此病是可醫的！」局長說：「等我帶你去看一個老年的中醫，我去年曾聽說他以前曾醫過光緒皇帝時候某一位大臣的如夫人也是這種病的。如果你的病情是和她一樣的話，你就要留在北京醫好它的。」

白芙蓉一聽鑄幣局局長這一好消息，眞是喜出望外，心花怒放，這是比任何消息都寶貴的。她就問：「你曾知道那位大臣的如夫人是怎樣的一位女人呢？」

「我不大淸楚，只知道她是第四房夫人，」鑄幣局局長說：「等下問蔡大夫就會明白的，他醫好她的病，某大臣賞他一個『回春聖手』匾額，他當然知道她淸楚的。」

一會他們倆人到了王府井大街蔡大夫那裏，蔡大夫那時已屆八十高齡了，每天家裏只看門診十五診，出診十診，診金很貴，而且大都是前一天預先挂號，當日挂號的診金加倍，天天都是挂滿號的。他所開方藥，指定向全國馳名的老藥舖同仁堂調配。因年齡高，爲保護精力，所以他很少和病人談話，在條頭挂有一面牌子，上面貼有紅紙：「病人問症，每人不得超過三句。」

今天好在鑄幣局局長的地位，同時也是熟人，所以挂一個臨時號。因爲要和蔡大夫多談一些關於這些婦科怪病，並欲查知從前他醫好的那位大臣的如夫人情形問題，所以特意挂最後的一號，要等客人散後和他細談的。

最後一條號碼轉到白芙蓉身上了，那時候蔡大夫的學生兼幫手兩人：一是北京本地人名叫李敬民和東北人名孫祖先二人，醫寓中只有蔡大人和他們倆三人。

接着蔡大夫於聽完白芙蓉的病情報告之後，就閉目地伸手替她按按脈搏，照樣經過了中醫的所謂診病的「聞、問、切」三手續之後，便對鑄局長和白芙蓉兩人，一面在回憶過去的事情，一面指着白芙蓉的病情說：「這病和從前郵傳大臣的如夫人一色一樣，是睡後前陰洩水，後陰洩氣病，屬於怪病的一種，在相術上叫做暗中破相，也就是內五行失土的關係，是有得醫的。」

白芙蓉一聽見此病確與以前的郵傳大臣的如夫人一樣，而又是蔡大夫醫好的，心裏眞是有說不出的歡喜，就問道：「這病旣係破相，那末要從相上醫治，還是用藥醫治呢？是結婚之前醫好呢，還是結婚之後治好呢？依我的情形，是和鄄傳部大臣如夫人完全一樣嗎？」

白芙蓉這話的意思是暗示她自己並不是一個處女，同時希望知道鄄傳部大臣夫人不是處女。

蔡大人在白芙蓉的脈搏上、病情上已經知道她不是處女而且是一個妓女，所以他對白芙蓉說：「鄄傳部大臣如夫人是當時京師的名妓，品貌雍容華貴，依儀態論，當係一品夫人，但看相先生說她就因爲有此破相，所以落爲靑樓中人，賤而不貴了。此病雖有醫案，卻無特效的方藥。她嫁給鄄傳部大臣爲妾之前不曾生育，而此病必須生育才能用藥石調攝，所以這問題就複雜了。」

白芙蓉聽到這裏，明白了自己和鄄傳部夫人是完全一樣的了，現在所不知的問題是鄄傳部夫人後來何時生子？而自己是否也可以生子呢？因而她又問：「大夫，鄄傳部夫人後來幾時生子呢，你看我將來也可以和她一樣嗎？」

「這問題不太簡單，」蔡大夫說：「因爲有無子息以及何時得子問題不是醫學問題而屬相理問題，所以只能就醫案在調理她的月事以及有關受胎方面的疏補，至於能否得胎我是毫無把握的。」

「那末，事情應當怎麼辦呢？」白芙蓉問：「你後來又怎樣把她醫好呢？」

「我後來之所以把她醫好，只有三分之一的功勞，其一是請教看相先生，另三分之一則完全靠她自己的命運了。」蔡大夫繼續說：「我先請老友秦四爺給她看看相，秦四爺那時候才從印度回來，我原不知她是甚麼的，但他一看，就知道她現是名妓，將嫁為貴人之妾，同時也看出她係一賤破九貴之相，好在她又看出她有子息，而且必是『非婚子』才能應了破相，然後才能嫁為貴人之妾而到老。有了秦四爺這樣判斷，所以我們就生勸郵傳部大臣等待她生育之後再娶她，所以他們是依秦四爺的話，先行同居兩年，生了兒子之後，經我藥石調理，把這病醫好才正式納她為四房寵妾。」

原來此種一賤破九貴的相，不特由貴有一品夫人之相要落為婢女或娼妓，還要經過「先姦後娶」「未出閨門先有子」的情形，才能把此病醫好的。蔡大夫把情形告訴了鑄幣局局長和白芙蓉之後，就一切依照郵傳部如夫人的辦法，那時蔡大夫約好秦四爺來和白芙蓉看相，當然也連帶替局長看相，因為子息問題是關係他們兩人的事。

過了幾天，他們經過秦四爺看相的判斷，說白芙蓉的相格還比郵傳部大臣的如夫人高一格，不至於此身只合爲妾，也可以多得貴子。但有一事也同樣不能免，第一個兒子必定是未婚子，生子之後再舉行婚禮，再用醫藥調攝兩陰洩氣之病也才能有效。

這判斷就當時的事實也相當接近，因爲鑄幣局局長不是納妾，是想娶白芙蓉爲塡房的，爲着要醫好白芙蓉的暗病，他們就決定先行同居。果然一年之後，白芙蓉身上有喜丁，當然在得胎的前後，由蔡大夫替她處方調攝關於婦科方面的小毛病的。生子之後，蔡大夫當然更有把握照從前治理郵傳部如夫人的毛病，投以調陰的藥石，那前後陰洩氣的暗疾果然不出幾個月就完全痊愈了。

關于此種暗疾，完全是一種生理上的毛病，必須生子之後，子宮、陰道和攝護腺發生了某種變化之後才能用醫藥調治的。論病，這是一種奇病，人身上的奇病很多，原也無足大驚小怪的，但有一個問題，女子得了此病，婚姻上便有麻煩波折，那也難免的，誰個男人對同床的妻子半夜裏放臭屁而又洩尿而不討厭呢？

因爲此病不宜於男人長夜同床被發現有此惡疾，那末就只好避免長夜同床了，這一事實，不是做成這女子需要作人的外室偏房了嗎，一個需要做人的外室偏房的女子，不侍不是元配結髮之妻，也必是一個水性楊花「人約黃昏後」的不貞女子無疑了。因而得了此種病的在相上有了所謂「暗中破相」，或是「美而無德」的賤格相，那就沒有甚麼奇怪的了。因爲這病完全屬於生理上的內部缺點，而相則係生理上的外部形象，內外自然有其關連，只是相術不高明的人看不出罷了，其理由是可以說得通的。

當時北京有人傳說，據秦四爺對人說，此種一賤破九貴的相，又可分上中下三格，像白芙蓉則是破相中的上格，因爲她有個比別人不同的地方：第一是，她從良的結局是做人的塡房妻室，而不是偏房妾侍；第二是，她的頭胎雖然也是「非婚生子」，卻不是「不貞之子」；第三是，她從良之後，一帆風順，並無中途變化或不幸之事發生。

據說，像那位郵傳部大臣的如夫人，那就是破相中的中格；因爲她嫁給大臣爲第四妾侍並非繼室；同時，又有傳說，當郵傳部大臣的相已不能生子，而又看出那名妓的相當有兩子，同時再發現郵傳部大臣有妻妾不貞之象，所以他奉勸大臣在她未生子、病未愈之前不宜和她長夜同床，發現她的暗疾，因爲她的前後洩病須在子時過後，所以郵傳部大臣不會在這位不定名分的外室家中過夜的。

由於大臣的相不能生子的關係，所以和那位名妓同居一年了還沒有得胎，妾侍沒有得胎，關係身份已够重大，而不得胎不生子那暗疾不能痊愈，根本就無法正式爲妾，問題更大了，所以據說那位名妓出身的郵傳部大臣的外室的頭胎並不是大臣的親骨肉；而頭胎後正式被納第四妾侍，過了年餘又生一子，也不是大臣之所出。因爲大臣從前所生的都是女孩，而現在第四妾所生的兩個卻都是男孩；大臣自己心中雖然明白，也只好認爲自己所生的了。

至於此種破相以下格的，那就是雖然美貌足爲一時的名妓，而終身卻無從良附貴的機會，直到紅顏衰老，連嫁給商人婦都不可得，此種「一賤破九貴」的下格相，最重要的「無子」相。因爲不能生子，則此種隱疾根本就不能痊愈。據說，若是不能生育的，則患此暗病便必須等到年老停經之後，生理上有了變化之後，才可能自然痊愈的。

關於光緒末年郵部大臣納妾的事，北京上流社會大都知道其內情的。所以當鑄幣局局長知道白芙蓉也患此種病時，他知道此病有醫，也知道有醫的主要問題是生孩子，所以他先帶她去看蔡大夫，又由蔡大夫介紹去看秦四爺，請他看相，最重要的問題就是先決定白芙蓉的相有無子息。

據說，當秦四爺告訴鑄幣局局長，白芙蓉有子息時，局長還暗中偷問秦四爺，這子息會不會像郵傳部大臣一樣？秦四爺告訴他，他自己和白芙蓉的相，都是明年應得子，不必擔心其他問題。之後，鑄幣局局長就決定娶白芙蓉作繼室了。

就人相論，「一賤破九貴」的奇相較少而「一貴抵九賤」的相較多；因為人間富貴相絕少，一般大都是中人的相，而人生的「生、老、病、死」等平時的痛苦，以及臨時的災難，家人的變故，誰都不能幸免的，所以就一般的相論，其能在「妻、財、子、壽」等常福上得到一福的，也都是屬於「一貴」之相了，不過此類一貴之相乃係平凡的不是奇異的，賤也不至於奇賤，貴也不至於奇貴，是平凡中的有貴可取罷了。

至於眞正「一貴抵九賤」，當然也是奇相。此類奇相也和「一賤破九貴」同樣的難看，因為既然在儀表有「九貴」的形象，則一賤便很容易忽略過去了。其更難看的，也就是通常此類奇相，每係「暗中有貴」或是「衆賤成形」的貴。比如說，吃相和睡相的貴格，如果沒有機會看到他的吃和睡，就不能發現他的貴相了。再如黑痣貴格，生在臉面上的多數不佳，好痣卻大都生於身上不易見的地方。

再說到「衆賤成形」之類的相，都比之「暗中有貴」的更難看。因為暗中畢竟還有物的，可以查詢的也可以偷看的；至於衆賤成形，非對於所謂「成形」有到家的修養就不能窺察其奧祕了。舉個例說，從前宋朝一代詩人陸放翁遊黃山時，遇到兩個看相的道士。道士閒着無事，就在那裏推斷陸放翁的相貌。因爲陸放翁的外表頗有「其貌不揚」的缺點，從各方面看來都貧賤的相，因此兩人都斷他乃一個「一生貧賤」的相。但是他們兩人又有一個事實的懷疑，因爲他們看來陸放翁既不是黃山一帶的居民，便是一個遊山玩水的名士。名士固然也經常是一生貧賤的；然而他們又不能從他面上看出甚麼「名高一時」清奇之相。

於是他們查知陸放翁當時住宿的寺廟之後，第二日，帶了一位年高的道士來看陸放翁，請教他對陸放翁的相作何看法，有何指教。

那時候正是夏末初秋的早晨，他們三人走到寺廟前的路上，已望見陸放翁正在一口荷池邊上小立，好像在那裏尋覓詩句似的，兩人就告訴老道士說，所要看的就是站在池畔上的人，老道士就立即停步，叫兩人一起坐在小石上來談陸放翁的相了。他叫兩人說出他倆的所見。

他們三人所坐的地方，距陸放翁約有十丈之遙，只能看看人體的樣子和姿勢，絕對看不清楚面貌上的五官的。兩位道士就只好把昨天兩人所看到的說出來，老道士問：

「你們說的是現在所看到的嗎？」

「不是，我們所說的是昨天所看的，配上現在所看的姿勢和體形罷了。」

另外一個道士說：「我們所得的印象是一副貧寒相；但是，卻有懷疑不能解決。」

話還沒有說完，老道士向他們搖手不要他們說下去，要他們站在老道士背後，讓道士面前沒有分心的東西，他可以聚精會神去觀賞那邊遊客的成形與否？成的是甚麼形？

老道士看了一會之後，對他們說：「你們看的貧寒相，完全錯了，他的體形，在五行上已成『木形』，只是屬於水邊灌木，不是高山喬木，所以，此君只是『淸貴』而非『尊貴』；再就他的神態論，也已形成。」

說到這裏，老道士遠遠指着陸放翁站立的姿勢，說：「你們看看他這樣子像甚麼？——是像動物的形態，特別注意他的神！」

「像野鶴，」一個道士說：「對嗎？如果是野鶴，那也合於淸貴的格局了。」

另一道士接着說：「我只看出一隻水禽，但看不準像甚麼水禽。」

老道士就笑道：「雖然你們都能看出了大概，但因看得不夠準確，便不能作出準確的判斷了。如果只像水禽而不成形，那便是下格，因爲凡成形的是上格，凡不成形的都是下格，如果他是野鶴形，那末他就應當是兩種人：不是個一品淸官，便是一個上壽老人；但就此君的元氣看，他只是中壽之人，並非上壽；而他官祿品級也是五品，並非一品；所以他不是野鶴形，只成鷺鷥形了。」

接着老道士便隨口吟一首鷺鷥形的詩句云：「潔白鷺鷥不染塵，步行頭縮本天眞，眉寒孔仰孤貧相，終日區區向水濱。」

「哎呀，眞是奇妙了！」一個年輕的道士聽了老道士這首成形詩，不禁驚奇地說：「老師，你怎樣還沒有走近他面前，而能知道他的『眉寒孔仰』呢？我們兩人昨天所見的就是這點，所以才斷定他是一生淸貧的，現在你竟然也這樣斷準了，那末我們的看法也可算是不錯的了，他的的確確是眉寒孔仰的。」

老道士說：「我剛才所念的詩句，並不是我自己隨便杜撰的，而是古人觀相的口訣；如果那人的五官和我那詩是相符的話，那末此人的成形是鷺鷥就不錯了。」

「一點也不錯，」年輕的道士說：「老師，那詩句中『步行頭縮』和『眉寒孔仰』正是爲此君寫照；因此我說他一生貧寒，想也不錯的，雖然我們還不知有此詩訣。」

趁這個極好的機會，老師就指導他們兩人說：「不能這樣簡單，你們所說是一般的相，而不是奇相，今天碰到的此君，則屬奇相之類，你們若依『步行縮頭』和『眉寒孔仰』而論斷為一生貧寒之相，那就完全錯了。若就常相論，『步行頭縮』是兇死的相；而『眉寒孔仰』則是貧寒的相；然而，他若成形的相，那末，在他身上只要能發現一貴，便可以把衆賤低銷了，這叫做『一貴抵九賤』，或稱『成形賤反貴』，這其中不可輕易忽略過去的。」

年輕道士就問：「同樣是步行頭縮和眉寒孔仰，如何判斷誰是鷺鷥；而誰又是兇死或貧寒相呢？」

另一個年輕道士也說：「此君又是耳懸唇薄，目光不定，元神不寧，若不看出他是鷺鷥形的話，誰也都要斷錯的。」

「不錯，這就是相術之道，不可輕易問世的道理了。工夫未到家，極容易把一個鷺鷥形的貴格，看為一生貧寒的賤格，這不是所謂失之毫釐，差之千里了嗎？」老道士又繼續說：「就常論相，這許多兇相、惡相、窮相、賤相，是不容易集於一身的，如果眞的集於一人，則此人不是早已惡死，便是早淪於溝壑了，那有在此垂老之年，還有遊山玩水的閒情逸致呢？這其中當然大有問題無疑。」

老道士再解釋說：「這叫做『衆賤成貴』，其實也就是『一貴抵九賤』；因爲在這衆賤成貴之中，必有一貴。這一貴，或是『相濁神清』；或是『鼻隆眼明』；或是『形象成形』，就今日此君說，他是『形象成形』，而又『鼻隆眼明』的；因爲鷺鷥的相，應是步行頭縮，眉寒孔仰，耳懸脣薄等兇賤的相；但有兩事你們卻把它看錯了，因爲你們看不出它是鷺鷥，所以說它元神不寧，又把它『眼明四射』看爲『目光不定』，這就未免看錯而斷錯了。」

最後，老道士斷定此君乃「名高於貴」，「學重於財」的人。說他一生地方官只能做過州通判，京官也不過五品台銜而已；因爲依他元神看，他不是春鷺而是秋鷺，若是春鷺，則他必「貴高於名」，「財過於學」，現在他是秋鷺，所以富貴就有限了。

三道士把陸放翁的相推論一番之後，兩個年輕道士仍欲請老道士過去走近陸放翁細看一下，而老道士卻說不必再細看了，讓他們兩人再去細看端詳老道士指的原理要津，他就獨自一人先回去了。

兩個年輕道士走到陸放翁面前，就和他談起話來。因爲是道士，在黃山山上相遇是一件雅事，所以陸放翁就邀他們到自己的客房去坐談，才明白了此君原來就是詩名聞天下的陸游。果然，他以前曾做夔州通判，後來在京官至寶謨閣待制，也不過是五品京堂而已。

關於女人一貴抵九賤的，似乎比較常見。民國之後二三十年，由於男女婚姻自由，所以男子因有如意的對方爲妻，便不需要再有有美妾；但在民國初年以前，舊式婚姻時代，元配多係「娶妻娶德」而不重貌，所以貴夫人之中每多醜婦，而官姨太則個個都是美人，這是事實。

民國元年袁世凱爲總統時，第一任內務總長趙秉鈞的夫人，便是一個標準的「一貴抵九賤」，據說她到北京時，有一次赴東交民巷某大使館的宴會，竟然被拒入內，因爲她簡直像一個鄉下的窮婦，還不是京城的窮婦。因爲外國大使館請宴，只請各部總長夫婦，不得携帶傭人，而趙秉鈞夫人的醜陋窮相，竟被誤爲傭婦，被拒入內。

後來有人把她帶去見老鈞金鰲，希望能在她身上學到一點推斷奇相的秘訣，當時鈞金鰲的潤例是大洋五元。因爲她是初次去看的，五元錢也只能給你說說相格，所以鈞金鰲一開口就說：「你是一貴抵九賤。」她只聽懂貴當一品夫人一語。於是她就問：「甚麼叫做一貴抵九賤？是不是說我是九賤之人，要靠我的官人，一貴才能不賤呢？」

老釣金鰲笑說：「不是你靠官人，而是官人靠你！」她聽了，更莫名其妙，那有官人靠她之理？

釣金鰲只說到這裏，不再說下去了，因爲第一次來的都只是說到這裏，要說下去，還要明天請早的。第二天，那個帶內務總長趙秉鈞夫人去看相的，自己一個人到釣金鰲那裏，再花五元大洋登記，報說是第二次來的，照規矩是可以多問幾句話，此人的目的，希望能在趙夫人身上發現些所謂「一貴抵九賤」的是甚麼情形。

那人對釣金鰲說：「昨天同來的那位太太，今天身體不適，不能親自前來，好在她昨天剛剛來過，所以要我問你，她的相局如何？今後又如何？」

釣金鰲說：「我昨天已經說過，她是一貴抵九賤的奇格，就外表看來，很容易被誤認爲貧賤相，而實際她卻是貴當一品夫人的相，而且幫夫成名，外助有功的。」

「何謂一貴抵九賤？」那人說：「外表看來她的確是一個醜陋不堪的女人，但她卻是書香之後，筆下也很好，她的丈夫也的確很不錯，請問她的一貴，貴在那裏？我們實在太外行了。」

釣金鰲說：「她的一貴在那裏，我可以告訴你的；我更可以告訴你她是誰的太太？」他又說：「我敢斷定她必係現任內閣總長的夫人，因爲她的年齡和氣色正是當令的時候。」

「是的，我是代表她來請教你的，應當把她的身份告訴你。」那人說：「她是內務總長趙秉鈞的夫人，雖然她那樣醜陋，聽說趙總長還是很怕她的。」

「那是當然的，不是怕她，還是愛她，因爲她的相不特相夫，而且得夫。」釣金鰲說：「她的一貴之相不在面貌之上，她的面貌五官全無可取，最高貴的便是她的坐相。她坐時是背直腰挺，氣穩神定，頗有坐如泰山之穩之勢。在男人，此乃出將入相的相格，如今在婦人身上，豈不更難得了嗎？所以我敢斷定，趙總長的功名騰達，必在與此夫人結褵之後，而且一生富貴繫於夫人身上。」

後來那人一查，果然趙秉鈞是結婚之後才開始功名騰達，而且後來夫人去世，他也不再出山了。據相學上說，所謂「坐如泰山」的相實不多見，所以無論其他相貌上有何輕薄微賤，只要有坐如泰山一貴，便可以把衆賤抵銷了。這一類奇相雖然不多，也可以表現相術之道，要看得精細和準確，實是一件太不容易的事。

五　漢口華景街事件・命中有數

友人牟卓先，漢口人，最近由泰國來港，談及民國五年漢口發生過一件大事，也是他一生中一件大事。那時牟先生是在漢口華洋日報館當職員，有一天有個親戚婁先生來看他，說是有人要在漢口開辦一家大報館，要辦「光復日報」，資本雄厚，正在物色經理部和編輯部的職員，婁先生已受聘定了爲經理部重要職員，想介紹牟先生。

那時華洋日報只是漢口的二等報紙，銷數不大，職員薪俸也不高，而所擬辦中的光復日報比華洋日報的薪水要多三分之一還不止，於是牟先生就想隨婁先生去光復日報經理部當職員。但有一事使牟先生猶豫不能決定，那時候是三月，而光復日報還須要籌辦三個月才能正式出報，據說因爲整套印刷機排字間要從上海運來的，所有職員也只試用三個月，在試用中只發半薪，每天辦公時間是由下午一時到晚上九時。

華洋日報有個同事姓廖的也想去，於是兩人就計劃把華洋日報的事辭掉，想法上午另找一份事做，這樣薪水不致於減少，過了三個月就比華洋薪水多了三分之一，當然是合算的。但是，華洋是舊報館，比較穩定可靠，而光復日報是初辦的，將來情形如何不可知，所以不能即作決定。

在這猶豫不決之中，因爲姓廖的是四十二歲中年人，相信命運之事，他說前五年前他由朋友介紹進入華洋日報之前，曾因失業去算過命，算命的曾說他那年秋天有新的事成功，有十年的安定，十年之後有變動，而今正是第十年，所以他認爲今年改入光復日報原是命中註定的，一定會成功的，將來也必定會更好的。

牟先生當時年紀還不過二十來歲，本來不相信命運之事，但因自己既然難決，又聽姓廖的說起算命的事，就想自己也去算算命，看看華洋日報的事該不該辭去，光復日報之事會不會成功。於是他就請姓廖的帶他去算命，因爲他從來沒有算過命，跑過命館，不知算命是甚麼規矩。

姓廖的有一天帶他去漢口後街一家名叫樂命居的命館，他報了八字之後，就問要辭職更換新職是否合適，可否成功？奇怪，算命先把他的八字一算，就對他這樣說：「按你的八字看，今年七月之前不宜有新的變動，動必不利，而且六月下半月特別要謹愼，切不可擅離職守，否則將有大禍。」

算命先生這話雖然未見事實不知其眞假，而所說的六月下半月的時間，顯然與光復日報開辦的預定期間相同，事實雖未見，而時間卻已被說準了，明顯的說華洋日報不可棄，光復日報不可爲之意。

於是他就問：「新的事既然不可爲，而舊的事有沒有轉好的希望？」

算命先生說：「你的舊事也要等到六月才有轉機，而你個人的好運，也就在六月半中轉機。」算命的算了又算，最後說：「今年丙辰年，六月是乙未月，初八小暑之後，你要交入壬申運，十天之內你必有好的機會可以高陞的，不過，六月二十二那天，是壬申日，將有一個特別機會，使你意外收獲，名利雙收。」

廖先生看見算命的這樣說，就想起十年前也是這位樂命居算命先生說的，十年之後也就是今年有變動，也許是指華洋日報發達說的，不是指改去光復日報說的，於是他本來不想再算，而今卻不能不再算一次了。

他把八字報了之後，就對算命先生說：「我十年前曾在這裏算過的，你曾說我今年有變動，請你看看今年有何變動？我想一換件新的事好不好？成不成？」

算命生先把他的八字復算了一下，搖搖頭說：「你的事今年恐怕非動不可了，你和他今年的命運，有一點相同，有一點不相同。相同的是你們兩位都是不宜於六月二十二那天以前離開舊職，二十三日以後才可以動。所不同的，他現在還沒有動，而你現在卻已動了。」

「他已動了？」牟先生說：「他和我一樣現在還沒有動的，只是在打算動的。」

「他沒有動？你知道他沒動嗎？」算命先生說：「但我在他的八字上卻看出他在十五天前已經動了的！」

他又轉過頭問廖先生：「你到底動了沒有？」

廖先生微笑地點點頭，說：「你說我動了也可以，說我沒有動也可以。」

「不能這樣說的，」算命先生强調說：「只要你有了新的事兼差，要到一個新的地方做一種新的事務，就算是動了的，不管你舊的事有沒有辭去。」

原來廖先生確然已於十五天前接受了光復日報的聘任爲經理部的發行主任，因爲他的華洋日報職務還沒有辭去，不欲人家知道，所以只對牟先生說他自己也想去，因爲牟先生請教他，他不便說自己兼差的事，只能說自己也想去，恐怕日後在光復日報館裏彼此見面不好意思的。

於是廖先生就問自己已經動了是好還是不好呢？算命先生告訴他說，他今年的動原是不能免的，又是不好的，但已經動了又無法可想，現在只記住六月二十二日那天千萬不可動，否則便有極大的危險。廖先生聽了算命先生所說情形，心裏頗有不安，就說：「我們原是在報館裏做事的，最近也不過兼了一家報館發行部份的事情，我想不出會有甚麼危險的。」

「就從你的八字看，近十年來你確是在報館做事的；但你最近似有從政的現象，在命理上這叫做『傷官見官』，必定不利；所以我才說你將有極大的危險。」算命的又繼續問：「你是否已經參加了甚麼政治團體？希望你能夠想法退出，今年參加政治團體是絕對不利的！」

姓廖的聽了就驚疑地說：「若是無法退出的話，將如何是好呢？」

「若是無法退出，」算命先生說：「那就要在六月十五日以前離開你所參加的場所，六月二十二日那天千萬要躲在家裏不可出門，要到第二日即二十三日的日落之後，才能渡過今年的厄運！」

經過這次算命之後，牟先生對自己所算的命雖然還沒有得到甚麼重大吉凶的啓示，而在聽到算命先生對廖先生所推斷的卻得了很大反應；因爲算命的說他是參加了政治團體，而且今年不利。因此，他就暗中去打聽光復日報的背景，到底是外國人在幕後呢，還是屬於那一個政黨呢？

因爲那年正是袁世凱稱帝之年，全國都有討袁的運動，而光復日報的籌辦，原來也是討袁運動的一種掩護機構，表面上一面籌辦報館，配合政治；而一面則暗中策劃在漢口發動革命，佔領漢口，宣告獨立的。而主腦人物不是別的，乃是湖北人聶豫（號晴暉），他原係辛亥革命發起人之一，黨人在討袁運動中曾被官廳發覺搜捕，幾月來先後由武昌及漢口華界退匿租界的。

聶豫由民國五年的元月開始從事討袁運動，佈置革命，頗有頭緒，爲着便利對外收集人才，一面也需要有一個自己的報館，所以他們就進行籌辦光復日報了。牟先生一知道內容如此，便把同事姓廖的算命之事告訴了他的親戚婁先生，也是光復日報的經理，想他必是知道內容的。

婁先生既受聘爲光復日報經理，當是討袁運動的幹部人物，自然知道內情的。但因事情關係重大，牟先生當時既未加盟，婁先生當然不會以實情相告，不過，婁先生是牟先生的表叔，他曾把內情告知牟先生的父親。牟先生的父親和聶晴暉原是相熟的，一聽見算命所說的話，一面叫牟先生暫緩跟表叔去光復日報；一面討得聶晴暉的八字，叫牟先生拿去漢口後街樂命居命舘去算算看。

這一算，光復日報的命運卻被算出來了。算命的旣把聶豫過去事算得準確無誤，又說他自去年冬季起進行一件有關政治的事件，直到今年二月間已告成熟，但是，此事必在今年六月間宣告失敗；因爲依聶君的八字看，不特今年六月間向東方遷移，在驛馬衝動之前且有大危險。

牟先生是一個相信命運的人，他看了聶豫的命運之後，想勸告表弟妻先生離開光復日報，又怕表弟因加盟了不肯聽他的話，於是有一天就帶妻先生一道去樂命居算命，事先牟先生叫妻先生把光復日報所屬的幾個重要職員的八字都帶去，看看算命所推斷的是否事實；如果合乎現在的事實，那末以後的論斷是好，就可以做；是壞，就不做。妻先生原不相信命運之說的，看見牟老生先如此說法，也認爲頗合情理，於是他就跟牟先生到樂命居去了。

一共那天算了五個人的八字，算命先生把妻先生算準了，是他五人的主腦人物，又算準了其中二個是軍人，曾操過有生殺之權的人，另外兩個人也被算準了教育界的主腦人物，最後的總推斷，說這五個人正在共謀一件含有政治意味的事，但是，此事在此三個月底以前失敗。同時，這五個人除婁先生可以幸免外，其他四人死於非命，日子很可能是六月下旬開始之時。

雖然婁先生不相信命運的人，但因第一、算命先生把他們五個人的前運以及目前的情形說得太準確了；第二、他們的問題也被說得太嚴重了，不能不使婁先生一時有了强烈的感應。他心中忖想，當今袁世凱聲勢萬丈，討袁之事非容易，那是無疑的；就目前情形言，雖然不至於像算命所說的嚴重，而前途困難重重，那也是可想到的。

但他對於自己可以幸免於難卻有懷疑；因爲依他們行事的原則，自己既係指揮人物，當無反而安全之理。於是他就問：「這位主腦人物，同時誓言，當和部下有福同享，有禍同當才是，何以其他四人會死於非命，而獨他反而可以幸免呢？在命理上這當有甚麼理由可以解釋呢？」

樂命居算命先生解釋說：「人各有命，各人的命運有如各人的面貌，命中自有幸與不幸，那四人是不幸命，而此君則是幸運命。依八字看，此君五月驛馬動態，將向東方走動，而六月中就可免於禍了。」

算命的雖然敢於這樣確定地推斷他們革命之事必然失敗，而且那麼嚴重的挫敗，婁先生因係高級負責人之一，仍不接納牟老先生的勸告退出光復日報，「死生有命」，既然算命就應當奉行這條命運的原理，吉的自吉，凶的自然凶，用不着去避凶趨吉，要趨避也趨避不得的。

不過，算命所說的話卻也多少影響了婁先生的思想，他想極力避免在六月中行事，有一次他們在光復日報館開會的時候，原擬六月半至七月半之間從漢口租界發動攻入華界，婁先生就主張改後半個月，由七月開始。那時候袁世凱八十三天的皇帝還未終結，大概是三月中的事。

不久，袁世凱的洪憲帝制倒了，但是華北華中各省仍舊爲北洋軍閥勢力所盤據，而聶豫一派的人依然故我，無法東山再起。於是他們仍決定對湖北省用武力奪取政權。自民國成立之後，各省時常有獨立之事，也有主張自治的，主要理由就是各省還政於民，把政權交給各省人。這正是湖北光復派黨人年來之所要求的政治主張了。那時的政治形勢，袁世凱帝制一動搖，各地都對省治有所主張，因此他們希望能够從速把北洋軍閥勢力驅逐出境，由聶豫爲首，組織湖北自治政府的。

爲着要策劃一舉成功，聶豫和漢口日本領事取得了援助，決定最遲七月初舉事，當時因爲有大部份軍火和印刷機器是上海日商人購辦的，最遲需要在六月半以前運到，而運輸之事又需要和上海日清輪船總公司接洽，婁先生原是日本早稻田大學畢業，也在日本官校肄業過，一向他們在漢口和日本方面商洽之事，也都是由婁先生和聶豫二人負責的，所以此時他們就決定派婁先生到上海處理關於軍火和印刷機器運輸之事了。

奇怪的是，開會決定派婁先生去上海是端午節那天，他們是利用看長江上的龍舟競渡，特意開一艘艦在江中開會。不曉得爲了甚麼事，忙來忙去，等到婁先生登上日清輪船公司的岳陽丸長江船開離漢口向東順流往上海去那天，正是五月十七日，也就是樂命居算命說他五月半驛馬動，而向東行的事實（註：民國初年全國還是用舊曆）。

果然三天後婁先生到達了上海，把運輸的事解決了，印刷機比較笨重，改由招商貨船運，而軍火需要秘密運送，而且當時的軍火只是步槍、來福槍、馬槍、手溜彈等，很容易化整爲零，由日清公司客船當做頭等客人行李。婁先生五月二十日到上海，頭一批軍火就於五月底運到漢口了，因爲還須要繼續簽訂採購一些東西，婁先生就留在上海，預備六月半前趕回漢口，參加七月初起事的。

當然，紙包不住火，這樣大的事不能不露風聲，武漢三鎮風聲鶴唳，人心惶惶。

當時湖北省政治中心是在武昌，謠言說有許多革命黨的軍火運貯武昌城內，又說駐在武昌東湖軍隊有了內應。當然，關於聶豫和日本領事館的關係也被人公開談論了。

那時，湖北鎮守使杜錫鈞，警察廳廳長周芸都是北洋軍閥的爪牙，他們得到這消息就立卽採取鎮壓步驟。

第一武昌方面開始半戒嚴狀態，蛇山架起大炮，沿江也設起哨兵，東湖的軍隊，竟然全部調防，一面調派重兵拱衛漢陽兵工廠，隔着漢水對峙漢口。

在漢口華界地區，則由武裝警察負責。一面又遣派外交人員與漢口租界當局交涉，特別對日本領事館，要求制止光復日報黨人的活動。

本來他們決定七月初正式軍事行動，只圖攻取漢口華界，進而進佔漢陽兵工廠，而對武昌還沒有計劃在內，因爲他們乃以漢口日本租界地區爲根據地，此時尙無策劃攻擊武昌，武昌方面當時只有民間的佈置，計劃在佔領漢口之後起來響應的。在聶豫的想像中，只要一攻佔漢口，因爲他們所主張「鄂人治鄂」的口號，當時各地都會起來響應，鎮守使杜錫鈞就會逃走的。

但是，現在的情形又不同了，杜錫鈞竟然從軍事與外交雙管齊下，並行兼施，大有先下手爲强之勢了，於是他們商得日本領事同意，提前舉事，不待七月初。那時六月半，第二批軍火也運到了。婁先生在上海接到電報，在密碼上知道要提前舉事，他就匆匆於六月十八搭上日本的日清公司輪船離滬溯江西上。由上海去漢口，因爲是逆流，最少要三天半時間才能到達，那就是最快六月二十二日才能到達漢口，他離滬之日也打了電報告知聶豫。

漢口方面六月十八日夜裏得到婁先生離滬的電報，連夜召集會議，決定提早舉義的日期，那時，婁先生的光復日報的經理部的事務有一部分是由廖先生負責代理的，他們預算婁先生十八日動身，二十二日可到，就決定二十三日夜裏舉事。這固然是廖先生的提議，也是事實上所必需，因婁先生負責指揮進軍的，他二十二日可到達，最快也要讓他休息一天，知道佈置的情形的。

這其中當然也和算命所說的有利日子配合着，因當算命先生前三個月曾說過六月二十二日那天不利，不能動，要動要在二十二日以前，或者等到二十三日的日落之後，因此，當時廖先生負責佈置的，決定早些到佈置的地方去，預備二十二日那天不出門，躲在那秘密機關裏面，用電話和各方面連絡，等到二十三日的入暮之後，便渡過了那不利的日子了。

於是廖先生將於二十一進入他負責佈置的地區；那地區是第二日發生慘案事件的華景街。

因爲這華景街就是租界與華界交界的地方，一半屬租界。廖先生爲自己命運打算，聽算命先生的話，二十一進入華景街，預備第二日足不出戶一天，來逃過這不吉的日子。

事情發生得太奇突，二十一日的半夜後，廖先生接到聶豫的電話，說是杜錫鈞已得悉他們將於二十三日夜裏舉事，所以已命令漢陽的軍隊於明日調到華界華景街扼守，正規軍一到，計劃就很難成功了，所以非於二十二日天明之前舉事不可，好在廖先生爲着明天一天不打算出門，已把各個行動隊的崗位佈置好了，他便在電話中指揮各崗位，命令他們於天明前三點鐘正起事。

本來聶豫計劃於婁先生明天到達漢口時還帶來一批軍火的，現在要提早舉事還需要一些武器，於是他就向日本商人添購了二十幾枝手槍發給各崗位，這是二十一日天明前的事。

事情佈置就緒了，聶豫就在光復日報館三樓設立總部，坐鎮指揮；一面通知各報館派記者來地下經理部，採訪當夜及明日的軍事消息。半小時後各報記者都來到了。奇怪的，各報記者中發現牟先生亦在內，他是華洋日報的記者，原來華洋日報採訪組知道廖先生進入華景街陣地去指揮軍事行動了，同時因爲廖先生和牟先生平日私人頗有交情，兩人也商量同去光復日報做事，所以華洋日報就於前幾天把牟生調到採訪部當記者了。

牟先生以此特殊關係，從婁先生家個裏打聽了廖先生在華景街的地址和電話號碼。他那夜又帶了採訪組兩個記者一同去，到了光復日報，他留下一個記者在光復報和其他各報記者在一起採訪聶豫所發表的總部消息；而他自己又帶了另一個記者到光復日報後面的一家小旅館，打了一個電話，果然和廖先生聯絡上了。

因爲廖先生在那裏是負責指揮二百多人的進軍華界職務，無暇自己接電話，兩架對外的電話機是由兩個人責負的，其中有一個姓姚，是牟先生小學的同學，素來也時常見面的，廖先生就叫牟先生打姓姚的電話號碼。因爲牟先生是婁先生的親戚，所以他也希望牟先生能用租界上的電話向婁先生家裏取得一些關於明日婁先生到達漢口的消息；因爲這指揮進軍的職務原是婁先生的，他希望能夠進行順利，讓婁先生明日能來華景街行動總部一起慶功的。

凌晨三時的預定起義的時間到了，華景街的前面馬路的南面是租界，北面是華界，頃刻之間，在地段內同時發出槍聲的共有五個地方，繼而手榴彈聲，光復派黨人二百多人向華界進軍了。在這一地段，華界早有武裝警察大隊人馬在防守，他們的武器和作戰的技術當然比較高明，不是一下就可以得手的。

同時在華景街的後馬路一帶，也有五個地方發生火警，槍聲與火警前呼後應，起義的計劃確然不錯。那時，漢陽雖然很平靖，而武昌方面也發生火警有七處之多，長街一帶有三處，其餘在武昌的東南西北四方，依發動時的情形而論，這次起義似乎可以成功的。

但是，畢竟基本條件不夠，武昌除放火外，沒有行動配合，漢陽方面則連火警部沒有，而漢口方面的人馬也僅有二百多名，只能與防守的武裝警察作持久戰而不夠衝破防線，在華景街前馬路支持了兩個鐘頭之後，杜錫鈞已把漢陽的軍隊調到了，雙方的火力因而加强了。

最不幸的一事，由於華景街多處火警的關係，租界當局的英國人，認爲事態嚴重，恐拍戰事和難民衝入租界。於是先由巡捕房調遣武裝巡捕防堵路口，繼由英國駐漢口的海軍登陸防守，在各路口架起炮位哨位，截斷華界租界的交通，這樣一來，起義黨人的後路斷絕了。

六月二十日的漢口各報，都以特大號字登載於第一版本埠起義新聞，把聶豫和婁先生廖先生照片都登出來，聶豫和婁先生的照片，各報都在兩三個月前刊登光復報籌備會時登過的，但今日代替婁先生負前線指揮重責的廖先生，各報沒有他的相片，而牟先生因與廖先生有特殊關係，家裏藏有他的照片，於是華洋日報就特別登有臨時指揮的廖先生照片，並有牟先生直接由前方行動總部得來的消息。

到了中午，各報也都發行第二次版的新聞號外，但因早報上華洋日報對於廖先生有特別的新聞，而這號外就一時洛陽紙貴地發行了兩版，午報中登載有臨時指揮廖將軍與華洋日報記者牟某直接通電話的消息，也報導了廖先生負傷指揮志士前進的情形，這消息是其他各報所沒有的，這樣一來，華洋日報便有一日千里之勢的發展了。即日牟先生先就由臨時採訪記者升爲採訪主任了。

這是六月二十二日中午的事，牟先生一聽見自己被升爲採訪主任的消息，立刻記起三個月前和廖先生一起去後街樂命居算命的事，那是說二十二日不吉，要廖先生要躲在家裏不能動，要動二十三日的日落之後，否則必有災禍，且有性命之虞。因爲牟先生記起算命先生說他當時欲動動不得，又說他到了六月二十二日那天是壬日，將有一個特別的機會，使他有意外的收穫。

他一想起這事情，就猛然替廖先生擔心了。因爲由昨夜三時起義，偏偏就是六月二十二日。那時候起義黨人進軍失利已成定局了，二百多人到了中午後，已被擊斃數十人了。剩下一百多人，處於前不能進，後不能退的危境中了。

午後漢口鎮守使杜錫鈞和警察廳長周際芸，親自率領軍隊到來，由大智門車站沿鐵路向華景街後包圍。本來廖先生他們最後還可以向這條路衝進華界後散手的；但現在卻此路不通了。在下午三時前，各報還可以在聶豫的總部得到一些零星的消息；三時之後，設在光復日報館的總部已經閉門大吉，聶豫也不知去向了。

因爲廖先生的前線行動部地址乃在交界上的租界這邊，所以裏面還有兩個管電話的人員以及兩個交通人員，牟先生因與那個姓姚的電話員同學，所以電話直通到晚上為止。華洋日報的第二次版號外新聞報導說：「光復黨廖指揮陣亡，黨人於一日舉義作戰中，死一百二十餘人，被捕的數十人。華景街起義，竟然不到二十四小時就成為慘案而結束了。」當時華景街當然還在封鎖，情形仍不大明瞭。

六月二十三日的華洋日報又有特別新聞報導說：起義領袖聶豫，躲入漢口日本領事館，昨日起義被捕的黨人以及市民被誤拘的共數十名，均被周際芸奉鎮守便杜錫鈞的命令，在後馬路全部槍斃示衆。

接着六月二十五日華洋日報又報導獨家的新聞說：「二十二日由上海抵埗的鄱陽丸日船，起義軍領袖妻某，由滬抵漢未曾上岸，至二十四日晚上，在船上和聶豫相見痛哭後，又一同搭原輪赴滬。」過了幾天，又登載關于算命於前三四個月說他們兩人於六月因驛馬動向東行而得免於難消息，完全證實了華景街的慘案事件，顯然命中有定數。

六　鄧演達死於非命・眼睛有相

近世科學昌明，對於人身的研究，從生理上的解剖，到心理上的分析，再進而對於生理心理的連帶關係乃至於精神功用的催眠醫病等等，已使從對物質的研究進而對精神的成就了。關於五官方面的功用，醫學方面已證實眼睛的功用最大，而其所消耗的精力也最大。

關於這個發現，我們中國早三千年前就在相學上已確定了的。當時有自然科學，沒有儀器；但古人能在人相上發現這個符合於科學知識的道理，實是可貴了。

古相書上論人生的，第一是說「頭」的重要，相書上說：「頭爲六陽魁首，像合於天。」而第二個重要就是說「目」。相書上說：「眼爲日月精華，禀一身秀氣。」又說：「眼爲太陽，如同天之日月，要明要秀，一身之本，定在雙睛。」所以眼相可以說在五官中居最重要地位。

看聰明，看尊貴，以看眼爲第一；相反的，看貧賤愚頑，看死於非命，也以看眼爲最驗。因爲眼不特僅僅也和其他器官一樣只有「形象」，它特別的更具「神氣」。看眼相，除一般的、粗淺的看形象之外，更重要的就是要看其神氣的動靜，明昧、浮定、忠奸、善惡等等的。

關於一個人，死於非命，除心情相，行爲相外，在五官上當以眼相爲最緊要。除好多人差不多都知道的「三角眼」、「紅絲眼」、「露光眼」外，還有一種叫「一線眼」又名「肥猪眼」的，也是橫死的定相，毫無例外。舉四十年代中國政壇上一個要人鄧演達氏來說，便是一個最明顯得可怕的事。

鄧演達是廣東梅縣人。中國國民黨與中國共產黨分裂時，他從國民黨而另組第三黨自爲領袖。那時候他才三十多歲，廣東也許很多人沒有見過他的，因爲鄧氏早歲就出國留學，回國後又逢民國十六年北伐成功，他就是當時國民革命軍的總政治部主任，兼任黃埔軍校武漢分校的教育長。

有一天，他偕同俄國顧問鮑羅廷同坐一輛蓬車路經武昌長街一段支路，剛剛碰着有一師的軍隊從蛇山演習回來。這一師兵看見他和鮑羅廷坐在車裏，就立即下口令「開正步向右看」向他行致敬禮。他馬上額手回禮，車上衞兵立即將蓬車下來變爲亮車。

這一師人馬開正步走過要花好長的時間，軍隊正步敬禮當然會引起路人特別注意，大家都要知道那個被致敬禮的大人物是誰。有人知道坐在亮車額手回禮的是鄧演達和鮑羅廷，這兩個大名鼎鼎的人物，可以說是當時武漢政府的中心人物，平時是看不到的，今天停車在路邊，額手不動任人觀看了。

於是久仰鄧演達和鮑羅廷大名的人，就惟恐落後地爭先跑去觀看，大家有一親顏色爲幸之感。當時武昌長街有一位著名的看相先生名「野鶴道人」的，命舘就在那條街口附近，他當然也擠到觀衆之列。許多人看了鄧演達和鮑羅廷兩人，用流俗的眼光批評，大都說鮑羅廷沒有甚麼福，因爲他雖是俄國人，而身格並不魁梧；和鄧演達坐在一排，顯然比不上鄧演達。

至於路人對鄧氏的評語，卻說他有福相，堪稱爲政府的要人，因爲鄧氏南人北相，體格魁梧，氣宇昂藏，大頭大臉，實是有福之相，有威之人。但是，路人之中，卻有一個看了鄧演達之後，偏偏搖頭嘆氣，說道：「可惜，可惜！兇相，兇相！三十八歲前，死於非命！」

看見過鄧演達的人（我知道現在香港尚有與鄧氏共事過的人）大概都十分佩服他的

品格和才具，但也必定有一種永不磨滅的印象，他是一個典型的嚴肅人物，平日不苟言笑，粗俗一點說，是十足的一個「臭面孔」人物。

臭面孔不一定就是兇相，只是尊嚴相，或是寡情相，而自古的忠臣名將也大都是屬於嚴肅相的，至於從嚴肅相中分出「寡情相」或「橫死相」，那是另有所據而論的。

那天我有個朋友金先生正在長街野鶴道人那裏看相。一聽見鄧演達和鮑羅廷在附近街口亮車上向軍隊答禮，他比野鶴道人跑得更快去看了，一會他跟野鶴道人同來，看見野鶴道人搖頭說鄧演達兇相，要在三十八歲前死於非命，就認為奇怪；因為依他看來，鄧氏是一個大頭大臉，身軀魁梧，南人北相，而且是一個尊貴型的人物，何以野鶴道人偏說他是兇相呢？這兇在那裏呢？於是回到相館就向他叨教說：「先生，你剛才說鄧演達是兇相，到底是什麼道理？依我們土眼看來，他是貴人相的。」

野鶴道人笑道：「這就是你們俗眼和我們看相的人所不同的了，有的相彼此所見相去不大，有的相很差很大，而鄧演達的相就是此例。」他繼續解釋說：「他的相局屬於尊貴格那是無疑的；但他又屬於橫死相、短命相，便不是你們俗眼所能看到的。」

一：剛剛我們所見的臭面孔，但也許他剛才是身上穿軍服，行軍禮的關係；若是平常都是那種臉孔，也許就是兇死相吧？」金先生說：「是否臭面孔就是死於非命的橫死相？俗語說『兇惡』兇相惡死，是不是？」

接着，野鶴道人輕搖其頭，微笑解說道：「你們不懂相術的看不出，因爲你們不懂其中的道理。鄧氏的死於非命，相在眼睛，他的眼睛叫做『一線天』，而又是『沈光眼』，配上他的大頭大臉，又成爲『猪眼睛』了，這三種每一種都要橫死的，現在他的眼兼具三兇相，安有不橫死之理！」

這是民國十六年之事，後來寧漢由分裂而合作，國共兩黨分裂，他對兩黨主義和政綱都不滿，於是自組第三黨，自任黨魁，當時雖然新起的勢力，其所宣布勞工政策和農工合作精神，堪稱爲國共兩黨的中和主義，因而也確具兼國共兩黨之長的第三黨，儼然成爲鼎足分立之勢。

不久，他去歐洲旅行，因爲他曾留學德國，就在柏林住了兩個月。那時候跟鄧氏去歐洲的英文秘書有個姓章的，是燕京大學畢業留美的，他是浙江人。而我那位姓金的朋友，幾年前在武昌看見過鄧氏的相的，他也是浙江人，和章先生是燕京同學，那時他在中國駐柏林的公使館裏做事，就碰到了章先生。

他一聽見章先生是跟鄧氏擔任英文秘書，就把從前武昌野鶴道人所斷鄧氏的相局，告訴了章先生，勸章先生不要跟隨鄧氏。而章先生那時還不到三十歲的人，當然不相信命相之說，反誤會章先生乃國民政府駐德的外交人員，可能是受命有意破壞鄧氏的。

金先生爲着要解釋誤會，爲要證實他相信看相之事，有一天就同章先生去看一位中國老先生姓尙的，請他替章先生看相，斷斷他現在所跟隨的人將來是否有成功的希望，是否可使章先生他日有仕途騰達的機會。金先生希望以此能看出鄧氏的前途。

那天尙老先生雖然不能對鄧演達有所推斷，因爲他沒有看到鄧氏的相，而對章先生的前途卻推斷得絲毫不爽。他對章先生的後運，斷定他現在的事，不過半年就改變，和目前這位朋友合作的事，必然不能到底而有任何成功。兩年之後，斷定章先生要在文化教育上做事，不是政治人物，他說章先生並無富貴之相，只有清閒之相。

章先生當然不肯相信，因爲他對宦途實有十二分的熱衷，預料鄧氏的第三黨必定成功，而自己也不會離開鄧氏，更不致於放棄政治生涯。尙老先生看見他語氣和態度對自己所推斷表示不相信，就對他說：

「現在我要把你在這三個星期內所要發生的事作一個推斷好嗎？」尙老先生說：「

你們最近是否打算向東北行？」

章先生馬上答道：「還沒有決定是向東北還是向西南。」

「很好，」尚老先生說：「你們還沒決定更好，我現在可以對你說，在這三星期之內，你必與你的同伴，滿懷熱望地向東北行，而又垂頭喪氣地囘到此間；之後，又由此間轉向西南，囘到中國的。」

「那是不會這樣的，」章先生說：「別的我們不敢說自己可以做主，行程卻是我們自己做主的。依我目前所知，是否向東北行雖未決定，但若是向東北行，那就不會再囘到柏林來的，我們決定取道西伯利亞返國的。」

那時，莫斯科方面有人替鄧演達向史太林搭線，希望史太林能邀請鄧氏到莫斯科晤面，交換中國政治問題。鄧氏當時想利用此行，藉以提高自己領導第三黨的地位。因爲莫斯科還沒有確實的消息，所以章先生當時才有這種說話。

尚老先生聞言卻微笑說：「我不知你們如何決定，我從你的氣色看，知道你將於二十一天之內，從此向東北行，又失意地囘到柏林。」他又繼續說：「現在可不用說的了，只要三個星期之內，就可以證實我的話是對了還是錯了；如果對了，那末你就不能再懷疑我所說的關於未來之事了。你們可以自主的事若是都自主不得，那末未來那不可自主之事，更屬於命運，想也是合理的。」

說到這裏，章先生看相的事作了結束，但他滿心歡喜，認爲莫斯科之行，可能成爲事實了。

果然，過了幾天，莫斯科來了電報，史太林邀請鄧演達到莫斯科和史太林晤面，章先生一得消息，就跑到柏林的中國公使館在找金先生，主要的事是要金先生幫助他和鄧演達兩人的旅行護照簽證，由柏林、莫斯科取道西伯利亞鐵路囘中國的。

金先生當然要幫助章先生辦好護照簽證的事，向領事館辦好手續之後，金先生就借着餞行章先生的名義，也邀請了鄧演達，金先生從前在武昌時和野鶴道人很相熟，也學了一些看相的門路，後來到了柏林，遇到那位姓尙的老先生，這位尙老先生原是北洋政府的官吏，金先生在北京讀燕京大學時，有兩位同學是尙先生的親戚，所以原是相識的；此時同在異鄉作客，彼此便很有感情，而金先生也難得有此機會，時常向尙老先生叨教命相之術了。

第二天，金先生餞行章先生和鄧演達時，因爲章先生曾經尙先生看過相的，就也請尙先生參加作陪客。而金先生的意思，是要利用這個機會學學看相，因爲前幾天尙先生看章君的，說他在三星期之內，要向東北行，又要回頭柏林，之後，又由柏林向西南行而回國的。而現在呢，他們向東北行去莫斯科已將成事實了，到底是否再回頭呢，這雖然還要等待事實證明，而金先生想利用這次機會，讓鄧演達的相也給尙先生一看，自己也可以對氣色尤其是驛馬問題，怎樣看出先往東北行，又由東北回頭的道理。

那天四個人在飯館中所談的話，一句也不涉及命相之事，因爲鄧演達絕對不相信此事，章先生深怕前幾天去看的事被鄧氏知道，但是，當吃完飯，走出飯館，在飯館門口握手道別時，鄧氏和章先生都對尙先生、金先生說：「以後希望能在中國再見！」而尙先生卻對他倆說：「也許不久還能在這裏再見！」

鄧章二人走了，金先生和尙先生兩人一道回來，在路上，金先生問尙先生關於驛馬問題，尙先生就把鄧章二人驛馬的氣色告訴了金先生，金先生聽了，就驚異而又懷疑地說：「這麼說來，他們兩人又要回頭的了。」尙先生說：「那是毫無疑問的，你儘可以把我的話告訴章先生，好叫他有個回頭的準備。」

第二天，金先生見到章先生時，就把尙先生的話告訴他，要他到領事館去告訴一下說是可能臨時又由莫斯科囘來柏林；章先生說絕對沒有這需要，因爲鄧演達已決定，如果史太林邀請他到莫斯科，他就從西伯利亞返國，因爲他在歐洲沒有事了，而西伯利亞還沒去過，所以一到莫斯科，見過史太林之後，絕對不會再囘頭來柏林的。

過了兩天，金先生到柏林車站去送鄧演達和章先生去莫斯科的時候，金先生在光天化日之下，依尚先生那天所指示的道理，的確也看準了他們兩人的驛馬去又囘來的氣色，而且是有大不快意的事。於是他又對章先生說，如果還需要他在柏林做什麼事，可以打電報來。章先生知道金先生的言外之音，便笑對金先生說：「我想你的老師尚先生的話不會靈的，我倒希望你，也請你告訴尚老先生，在國內如有需要我們的地方，儘管寫信來！」

鄧演達和章先生兩人到了莫斯科，就住在一間小旅館裏，一面請以前和他連絡的人通知史太林，但是，一等，等了差不多一個星期還沒有消息。因爲他們都知道史太林的脾氣，他見客是隨他高興的，高興起來，馬上就見；不高興時，把放在旅館幾個星期之後才通知你不用晤面，叫你囘去的。於是他們只好在旅館等。

爲着囘國期間和旅費的關係，他們兩人就先在中國駐莫斯科的領事館和俄國外交部辦好取道西伯利亞直達海參威返國的護照簽證手續，那天是距離尙老先生和章先生看相的第十七天，尙生先曾說鄧演達和章先生要在二十一天之內打回頭再到柏林的；現在史太林還沒有召見，看來二十一之內回頭柏林之事永不會有的。

鄧演達和章先生初到莫斯科的第二天，曾連名寫一封信給金先生向他道謝，金先生也回信祝他倆旅途順利平安，於是那天章先生個人再寫一封信給金先生，說是和史太林還沒有見面，信中特別提到關於尙先生看相的事，說是如今距離二十一天的期限只有四天了，他們也先把取道西伯利亞鐵路回國的簽證手續辦妥了，而且火車票也定好，在一個月之內，隨時可以取火車票去西伯利亞，看相的事一定不靈了。

金先生接到章先生的信，也覺得奇怪，依鄧演達和章君兩人的驛馬氣色看，一定要在這最後四天之內打回頭來柏林的；但照章先生的來信看，又明明不回頭的。於是他第二天就跑去看尙老先生，把章先生的信交給尙先生看，尙先生笑對金先生說：「你是否怕不打回頭？」

「是，」金先生說：「看情形他倆非取道西伯利亞回國不可了，沒有理由再回頭的。」

「我們是看相斷事，不是據理斷事；」尚老生說：「今天是第十九天，尚有今天、明天、後天三天，等到最後三天過了再說，我不相信他會由東北回國的。」

金先生聽了還在懷疑不定說：「那末，他們還有甚麽理由會囘到這裏來呢？他們的西伯利亞火車票也都定好的。」

尚老先生說：「現在我們雖然不知道有甚麽理由；但我們卻預先斷定有那事實，至於甚麽理由，必須等待事實發生了才能知道。」

他又說：「看相的第一要訣，就是自己不可懷疑。自己只管觀象斷言，讓別人去懷疑。也讓事實去說明我們的判斷，去打破他們的懷疑。」

又過了兩天，也許就是第二十一天了，那天中午，金先生突然接到莫斯科發來的電報，他急急打開一看，是章先生打來的。電文是這樣寫道：「我們搭第三班快車往柏林，請到車站一接！」

金先生看電報以爲是自己的錯覺，想是章先生搭第三班快車往西伯利亞，特意打電報來告知，同時認實看相錯了的，但一看後文，又明明說是「請到車站一接。」這未免太奇怪了。眞的打回頭來了嗎？或是他們故意和他尋開心呢？不然，爲甚麽這樣湊巧，今天剛剛是第二十一天呀。

金先生馬上打電話給尙先生，把電文念給尙先生聽。他對尙先生說，這事到底是眞還是假，今天夜裏用不用到車站接他倆呢？

尙老先生回話說：「準是眞的打回頭，因爲他們晦氣沉沉，所以要挨到最後一天才發生，使他們在莫斯科多逗留、多破耗，看來，你今夜不特要去火車站接他，也不特入境上需要幫忙，你還要多帶些錢去，恐怕他們還需要你幫他們一點別的忙；因爲他倆的氣色也都有小破耗的。」

當夜，金先生就帶一位領事舘的職員，又多帶了馬克，趕去柏林的東站去接鄧演達和章先生。果然第三班火車到時接到了他們；也果然替他倆辦了臨時入境的手續；更果然鄧演達和章先生兩人身上所留下的錢，不夠掉換入境時所需要的馬克。四人步出火車站走上電車時，章先生向金先生耳邊輕輕說一句：「我眞想不到，尙老先生的看相會這樣靈驗！今天若不是你來，我們眞是狼狽不堪！」

爲甚麼鄧演達和章先生兩人會這樣狼狽地回頭來呢？說來眞是太奇妙了。他們兩人在莫斯科小旅舘住了許多天，不早也不遲一天，偏偏在第二十一那天早上，接到克里姆林宮的通知，說是上午十時史太林要接見鄧演達。

依時，鄧氏就偕同章先生進入克里姆林宮了。一會，史太林以一個赤色世界獨裁者的姿態出來會見鄧達演，按着史太林會客的規矩，來客的隨員只許一位，而且要坐在來客的背後左邊，鄧氏雖是廣東梅縣人，南人北相，體魄梧健實，臉盤也很大；而章先生雖係浙江人，卻是一個短小型的書生。因而，當史太林出來一看鄧章二人體型懸殊，就微笑說了一聲：「你們兩人以體型看，不像都是中國人。」

接着他又問道：「鄧先生是北中國人嗎？而他是南中國人嗎？」

史太林似乎事前曾略知中國人有南北體型的大小之別，北人魁梧，南人短小，所以他一見面就用這話來表示他對於中國情形很熟悉的樣子。那知這次偏與事不符，把鄧章兩人恰恰猜錯了。鄧氏事先知道史太林的性格，他來見史太林，只想利用這次的會見，抬高自己在中國政黨領導人的地位，並沒打算對史太林有所要永的。所以他也以中國第三黨領袖姿態和他會面。

於是鄧氏立卽利用這個難得的史太林把他倆猜錯的機會，便也微笑地說：「我們兩人恰巧相反，我是中國南方人，而章先生卻是比較北方人。」

史太林一聽就說：「噢，好奇怪，南中國卻有你這樣魁梧的人？」

「是的，」鄧演達隨口說：「我以前也以爲俄國人的身體都是很高大的，想不到列寧先生卻比我還矮小得多呢！」

那時章先生坐在鄧氏身後，聽了這話覺得十分快意，因爲鄧氏已替他出了一口氣。

後來聽說就是這初次見面的彼此一兩句話，已使獨裁者史太林不大愉快了。接着兩人開始談話。當時正是中國共產黨由托派陳獨秀領導的時候，黨內發生很大的矛盾，而史太林對中國共產黨已失去控制的權力，正想找尋一個新的領導人物去代替陳獨秀，因而史太林之所以邀請鄧氏到莫斯科會晤，其目的原來在此。

大概由於當時中國有所謂「跨黨」一事，在民國十六年「寧漢合作」之前，國民黨員有一身跨兩黨的；所以當時凡是左傾的份子，大都跨黨的，因而鄧演達也就被認爲跨黨的共產黨員了。

說來眞是想不到，史太林竟然不知道鄧演達不是共產黨，而把他當爲中國共產黨看待，當他和鄧氏談到中國共產黨問題，談到中蘇合作問題時，他竟然對鄧氏這樣說：

「你回到中國之後，關於中國共產黨的領導，就由你去負其全責吧！」

說了，他便叫坐在身邊的兩位秘書去取文件出來。此時，鄧演達一聽見史太林這樣說，大爲驚異，立即回答說：「請你不要誤會，我並不是共產黨員呀！」你想史太林一聽鄧演達此言作何表情呢？「噢！」的一聲，立刻起身，沒有第二句話，也不對鄧氏作任何表情，一回轉，就走開了。鄧章二人覩此情狀，眞是驚疑參半，啼笑皆非了。他倆只好也立即退出客廳，走離克里姆林宮了。鄧章二人在驚異憤怒之餘，只得垂頭喪氣先回到旅館去。

當他二人回到旅館的時候，更奇怪的事又發生了，他們兩人的行李竟被侍拿到樓下賬房間來了，住客上也沒有他倆的名字。原來旅館接到克里姆林宮的通知，不許他倆再居留莫斯科了。

於是他倆就立即決定回國，携了簡單的行李，走去外交部簽證，打算離開莫斯科搭西伯利亞鐵路去海參威，因爲火車票預定了的，只要俄國外交部在他倆的護照上簽押了日子，就可以在火車站取車票上車的。

但是，俄國外交部人員對他們說，要在十二小時之內離開俄國，不是僅僅離開莫斯科。

於是迫得他們趕緊跑去火車站，依照退票手續，取回退款，又買了特別快車去柏林的車票，同時打了一張電報給金先生。

關於史太林此種態度，此種做法，後來有人說，史太林絕對不知鄧演達不是共產黨員，而是他以爲鄧氏既然反對國民黨的政策，他必願意接受史太林的領導而去當中國共產黨的領導人的，眞也是出了他意料之外，鄧氏既然不依他，所以他就光火了。

也有人說，史太林當時並不是眞的要鄧演達回中國領導共產黨，而是因爲剛才見面鄧氏的幾句對話觸怒了他，所以他在一面談話一面就想這辦法，意使鄧氏因貪中國領導人的地位，願意接受史太林這賞賜，只要你辦好願意接受他的命令的手續，也隨時就可以依他獨裁領袖的權力，叫你永遠留在莫斯科，受他的管轄，甚至要他的命的。

這兩種推測，在當時有許多人不相信，因爲對於史太林那種人物，似乎不應有如此卑鄙的想法；但是，依現在我們所瞭解的史太林性格和作風看來，那就完全是事實了。好在鄧演達不愧是一個中華民族的優秀份子，是一個好漢，他不貪中國共產黨領導人的地位，也不屈於史太林的利誘之下，所以當年他沒吃到虧，而至今也還有不少的人對他景仰。

鄧章兩人從莫斯科火車站退票出來，又在另一地方購買往柏林的火車票時，大約由於心急手忙腳亂的關係，不知是章先生自己不小心失落了的，還是被扒手偷了的，竟然把退票回來的款子全部遺失了。

因此他們兩人除買了去柏林的車票外，身上的零用錢就不够到德國時的入境費用了，所以他打電報給金先生，一則爲着入境所需要的用款，要金生先替他墊用的。關於這些，都應驗了尙老先生的看相預言，章先生自己既然相信了，就不能不告訴鄧氏。章先生又把那天在飯店門口說希望能在中國再見，而尙先生竟回話說或者不久會在這柏林再見，這原來是尙先生再有意伏線預言，作爲今日事實的證據的。

鄧演達聽了這話也覺得太奇怪了，有一天他就借回請金先生的機會，也請尙老先生來作陪，心中有意再試請尙先生對自己的相作一個論斷，當然他原是借此來試看尙老先生的相術到底有無所謂江湖之術。

那天尙老先生對鄧演達的相格祇能把前運說得比較詳細，因爲他知道鄧氏原不相信命相之說，他把鄧氏父母兄弟的情形說對了；又把他十六歲那年患了一場病說對了；再把他十八歲那年戀愛失敗，二十歲又失敗也說對了。這些事實不特章先生一無所聞，鄧氏自己明白，近十年來和他接觸的人，沒有一個會知道的。

於是他不能不向尙老先生低頭了。他就笑對尙老先生說：「到底是甚麼道理？難道每一個人一生的事都註定了的？」

他又對章先生說：「剛剛老先生所說的，我想你也不會聽過的吧？不特你沒有聽過的，連我也是第一次聽過的，因爲這些事情除了我自己是沒有人知道的，而尙老先生竟然能說對了，眞是奇怪！」

接着尙老先生就說：「如果我剛才所說的沒有錯的話，如果你對這相術有興趣的話，我願意告訴你一些關於後運，也就是今後五年內之事，這五年關係你的一生至爲重要。」

尙老先生這話自然引起鄧氏和章先生的興趣，因爲這五年內，正是鄧氏所策劃關於第三黨如何與中國國民黨和中國共產黨爭衡的事，他原計劃此次會晤史太林完畢，從西伯利亞到海參威之後，先在東北召集一個地區黨幹部會議，再到北京或天津召開同樣的會議，然後到西北、到武漢，最後到上海召開一個第三黨中央會議。而現在呢，突然被史太林的意外無禮挫折，無形打擊了他的政治領導威信，而東北和華北之行又受阻碍了，因而他似乎也需要聽聽尚老先生的高見了。

於是他對尚老先生說：「我對老先生的高明很有興趣，請你隨便說說，也許你所說的和我所計劃的完全相同。因爲過去是我先有了事實，你從我的面上看出來，說對了；以後呢，既是事實還沒有發生，那末該是你從我的面上看出我的理想，把它說出來，之後再成爲事實的。」

這是鄧演達依自己的聰明，對於看相一事的理解；他以爲看相之所以能夠把過去的事說出來，是由於過去事實在臉面表現出來；而對後運，那就是從相上看出那人的理想，有了那理想，才會有後來的事實。這說法確然也言之成理，而這說法也可以看出鄧氏此人的聰明處。

但是，鄧演達雖然有此種聰明的想法和說法，而事實上和看相的道理完全不符，看相無論看前運或看後運，既不是就己有的「事實」看；更不是就現有的「理想」看，而都是就現有的「形象」和氣色看的。

所以當時鄧氏對尚老先生提出這種說法時，尚老先生卻大笑起來，搖頭說道：「鄧先生的說法雖言之成理，卻與看相完全不符。你今年三十歲，我能看出你十幾歲時的事，也和我今天能看出你以後之事一樣，不是以已有的事實爲根據，更不是以現有的理想爲根據；而相術所根據的是你面上的形象和氣色，是那一種形象和氣色，將來會有那一種的事實，不是將來會有甚麼事實，才有甚麼形象和氣色的。」

他又補充說：「這才算是命運註定！」

尙老先生說完之後，鄧氏當然還在懷疑，他說：「我說必先有理想或事實，才有形象和氣色；比如說，一個人心中必先有快樂的思想，然後才有好的氣色；必有痛苦的事情，才有苦頭苦臉的形象，這不是也可以說得通嗎？」

「這只是心理的現象，不是相理的現象，」尙老先生解釋說：「若僅就心理現象說，一個人依其理想去行事，通常只有一種心理，就是如意的心情，如果僅僅根據其本人心理去推斷，只有一種如意成就的事實；然而，就相理去看，很可能又有兩種事實：一種是不如意的失敗事實；而另一種是完全出乎意料之外的事實。」

尙老先生想了一下，又繼續說：「就以你此次到莫斯科去的事來說吧，史太林邀請你晤面，你也打算在他見面對你的政治前途具有作用，那末，你們兩人晤面總不致於毫無結果的。同時你也打等從莫斯科取道西伯利亞回國，這兩事當然都在你的如意心理之中的。論理，就是有甚麽變化，像史太林臨時生病之類，也不致會有甚麽壞結果的，最少你取道西伯利亞回國也能如願以償的；然而，此次事實卻完全出乎意料之外，這就不能用心理現象去解釋了。」

鄧演達接着說：「我們此次到莫斯科之事，老先生你眞是事前看出了嗎？看出我們與史太林的晤有這不愉快之事發生了嗎？這是史太林的事，你怎能看得出呢？」

尙老先生答說：「我不是從你們的相上看出史太林的事，而看出的是你們兩人本身的事。我先看過章先生的相，後看過你鄧先生的相，我看出你們兩人同樣有兩件事：一件事是那二十一天之內有不如意之事發生；第二件事是你們在這期間有向東北行走，但又要回到柏林之後再向西行走；因此那天金先生請你兩位在黎明酒店食飯時，在店口握手道別時，你們說希望和我們在中國見面，而我偏偏對你們說可能不久在這裏再見。」

鄧演達被他這一說，眞的事實如此，不能不相信看相之事確有一些不可掩沒的道理了。於是他請尙老先生看看他今後情形如何。他對尙老先生坦白地說：「我老實告訴你老生，我非回國搞政治不可的，所以我這理想無妨先告你，這理想我必不放棄，而且無論如何要在這五年之內把它搞成功的。」

「是的，你一向去搞政治，此後五年也必在搞政治，那是毫無疑義的；但，我與你今天第二次見面的，我不能不把我所看出的事告訴你。依我就你的相看，你過去搞政治會有多少成就，但今後卻不能有成就，而且會有大失敗的結局。」尚老先生繼續說：「依你的相看，今後你宜去你出生地的南方，而不宜於北方。你是廣東梅縣人，你宜去南洋，最少也要去香港，絕對不宜於在華中和華北的。」

鄧氏聞言就笑道：「我的第三黨是中國的政黨，豈可以跑去南洋或香港搞中國的政治？而我敢自信，只要我肯幹，五年之內我必有相當成就的。所以，這樣說來，我不敢說你的觀察不靈，而是說我不能依你的話了。」

尚老生微笑地回話說：「我不是說你要依我的話做，我是說，你如果避免五年的大失敗，就要避去南方，過了這惡運；否則，你雖可以不依我的話，但你不能避去你的惡運了。」

「從那裏看出我的惡運呢？」鄧演達說：「我的惡運又如何呢？」

此時金先生和章先生兩人在座，他們兩人情緒相當緊張，尤其是金先生，他深怕尚老先生也像若干年前武昌野鶴道人所說的，恐怕會使鄧氏聞言太不愉快；因野鶴道人背後會說他要死於非命的。

此時金先生就揷嘴說：「事情在後頭，當然也可以用人力去逃避的，不能說得太具體的。」

他又笑對尙老先生說：「老先生，你看我的話說得對嗎？說一個大概情形是無妨的。」

尙老先生當然明白金先生的意思，就對鄧演達說：「我們現在只是就相論相，金先生說的有理，不必說得太具體，我現在要指明你相上的毛病，這毛病一說出來你自己也會明白的。」

說罷就拿了一面鏡子遞給鄧氏，對他說：「請你自己看看面臉上的五官，自己會覺得那一份有毛病，不大好看嗎？」

「我知道，」鄧氏就接過鏡子照一照自己，說：「我的頭臉太大，眼睛太小，對嗎？這是前幾年在武漢時發現的，有一天我和惲代英在一起，有人說我們兩人眼睛都有毛病，說我的臉面太大，眼睛太小，又缺乏光芒；說惲代英的眼睛近視又露睛，所以都不能爲女人歡迎。」

他又轉向章先生說：「你也有同樣的缺點，你也是近視眼，也沒有美男子們資格了。不過，這也沒有甚麼用，人們都說汪精衛先生是美男子，可是，有甚麼用處呢？陳璧君也並不美啊，這眼睛大小又有甚麼關係呢！」

尙老先生就微笑說：「我倒不是說美男問題，說的行運問題。眼睛的行運年齡是三十五歲至四十歲，如果眼睛相好，在此六年中必定一切順利發達；否則便有許多乖逆變故。如果眼睛是惡相，在這期間就會有災難的。」

「那末，依我的眼睛看，到底在這幾年中是乖逆還是災難呢？」鄧演達說：「幹政治尤其是今日的政治，不會沒有乖逆變故的，這用不着看相也可以斷言的，只要能夠堅持到底，總有成功一日。像孫中山、列寧，不是也都曾經過乖逆災難嗎？這是沒有甚麼關係的。」

「剛才我曾對你說過，我不能不把我所見的不告訴你，我只希望你能夠把我的話作爲參考而已。」尙老先生解釋說：「你現在正是走眼運的時候，這兩隻眼睛，是你相中最不佳的，如果不肯相信我的話，避去南方，則在這兩三年之中，就會有極大的災難！爲着你的安全計，非先避過這幾年的惡逆不可！」

鄧演達聽了尙老的話，便以一個政治家兼革命者的姿態雄辯道：「要想幹政治尤其是領袖人物，責任所在，只有去衝過難關，絕不可逃避難關，我自己也曾深思過，在我囘國後，很可能遭遇極大的困難；不過，這困難如果不是我去衝過，便沒有第二個人能夠衝過的，所以我決定去衝，最多也不過坐牢，如果是坐牢，也還是一種做法，也必然有結果；如果不敢衝，那不是一種做法，也永無結果的。」

最後尙老先生看見鄧氏如此態度，便沒有和他談甚麼了。事後他對金先生說：「我們勸他也不過盡盡人事而已，依鄧的眼相看，委實不可解救的，如果他不肯留在外國，不肯到南方去，那末，三年之內非死於非命不可！」

不久，鄧氏囘到中國來了，第三黨的旗幟也大張起來了。那位章先生大概聽了金先生的勸告，囘國之後，不久就離開鄧氏，到北京教書去了。鄧氏當時曾得孫夫人宋慶齡的支持，以上海租界爲大本營，召集全國性的各種會議。

有一次在滬西愚園路開會，有個江西代表徐君，他是名相家陶半梅的好朋友，也略知相術，他發現鄧氏的氣色不對，自己沒有把握，有一天開會，就帶了陶半梅到愚園坊口去等待他偕同鄧氏從那裏走過時，偷看鄧氏的氣色，當時陶半梅告訴徐君，鄧氏將於兩三天之內被捕，乃勸徐君這兩三天之內不可赴會。

徐君說：明天還有會，他今天已經答應鄧氏要去參加，就請陶半梅看看自己的氣色，陶半梅說徐君氣色並無不吉，第二日，本來徐君又當與鄧氏一路從哈同路私邸坐車到愚園路的，臨時鄧氏叫他半路下車，去大西路請一個廣西代表羅君，因而他先到大西路去了。

到了大西路，碰到羅君，羅君說他今天不想去開會，徐君說今天鄧氏要在這最後的一次最高會議中有所決定，一定要羅君去參加，因爲廣西代表兩人，最少要有一人參加，因爲另一姓曾的病在醫院裏不能出席。

羅君原是徐君的好朋友，也和陶半梅相熟。他告訴徐君說，上星期他碰到陶半梅，說他氣色不佳，將有意外之災，要他兩星期足不出戶，或可逃過，因此他已足不出戶十一天。

徐君就勸他說今天是第七天的會期，也是最後一天，而且只要通過幾個議案，不預備再討論的，絕對不會發生甚麼事故。同時他也舉自己爲例，他說陶半梅說他氣色很好，不致有何事故發生，那末，今天一同去開會，他無事羅君當然也會無事的。

羅君也覺徐君這話說得有理，而鄧氏特意叫徐君來請他參加這最後一次的會議，不去參加似乎太說不過去，於是他就決定隨徐君一道去。在大西路和愚園路兩條平行路的中間，有條橫路叫做憶定盤路，他們兩人就決定不坐車，由這條滬西幽靜的路走，也可免在路上有意外之事發生，於是他倆就走向憶定盤路去。

走到半路，徐先生碰着位江西同鄉，是中學的同學，好久不通音信了，今天竟然無意中在路上相逢，因爲這位同學就住在憶定盤路的小巷裏，堅要請徐先生轉一個彎到他家裏一看才認識得路，下一次自己才曉得走，徐先生推辭不得，只好請羅先生先行一步了。

羅先生深怕一個人在路上發生事故，便一個人加速步伐，走向愚園路。他一到開會地點，一跨進門，便被屋內便衣警察看管起來。原來警察當局經已奉到上峯命令，和租界當局交涉好，也知道那天最後會議鄧氏和許多人都必定出席，所以事前就佈置好，鄧氏和羅君一樣，先後被禁在那裏，等待到來開會的人。

一會，徐君也獨自急步走到，他在愚園坊前面一望，知道情形不對；因爲在開會時本來他們曾派有兩三個人在坊的外面把風的，今天把風的人一個都沒有了，於是他急急退到附近對面的巷堂中去守望，果然不久由鄧演達以下約有二十幾人，分坐幾輛汽車，都被捕去了。

不久，鄧演達被解南京，孫夫人宋慶齡出面代爲請命，徐君在看陶半梅時，說是如能有宋慶齡出來調處，鄧氏大概不久就可以出來的。但陶半梅說，依鄧氏的眼相看，就是有十個孫夫人也沒有辦法的。徐君當時不相信，因爲他知道孫夫人此次是破例替鄧氏求情的。然而，不久，他們果然得到南京來的消息，說是鄧演達因倔强不肯低頭，終而被綁去南京郊外雨花台槍斃了。

七　善終惡死·命相同樣有根據

一般人對於命運的事都有一種錯誤的觀念，以爲「死亡」一定是惡運，好運就不會死，因此算命先生也常常被好運所騙，看到八字的好運時，就不再去注意有沒有其他可以致死的理由了。其實，雖然大多數的人是死於惡運裏，而少數死於好運裏也是事實。前書我們所舉的「王植波死於好運」，便是一個好例。

再進一步說，不特不是惡運，而且大多數人的死，都在好運裏不在惡運裏。如果承認大多數人都是「壽終正寢」的話，在兒孫滿眼的情形中去世，被稱爲「福壽全歸」或「身後哀榮」的，豈非好運？俗語說得好：「生鬬英雄死鬬福！」生的福是吃穿，死的福是甚麼呢？

就以不久前台灣飛機死難的人來說，電影界各要員的死後哀榮，絕不是平常的壽終正寢所能有，這不是死人的福嗎？所以，這許多人，都是死於事業蓬勃的時候，死於衆人哀悼的情況，便都是死於好運中了！如果一個人是死於惡運，就是寂寂無聞地死去，或是死於刑罰，死於衆人稱快！

所以，死於好運應有兩種：一種是善終的所謂「壽終正寢」，那還只不過是平凡的好運；一種雖是不得善終，而能「身後哀榮」的，還算是不平凡的好運。當然最好的應是「壽終正寢」同時「身後哀榮」，那麽，這就是所謂「福壽全歸」的了。這當然也就是「死閼福」的最有福了。

無論是善終或是惡死，在命理相上也同樣有它的根據。一般涉世稍深，閱人稍多的人，大都能够分辨善人與惡人的。這就是所謂「通俗相理」，一個人的善相或惡相，每每顯然排在臉上，一望而知的。臉面慈祥的人多數可得善終，而臉面兇惡的人，大多數不得其死，那也是事實。

就八字上言，雖然比較相術難看，但也同樣有其理由可作推斷的根據，只要你能注意八字上的變化，就不難看出其人善終或惡死。在南京時，有個熟人秦君，有一天拿人命紙來找我。因為他看不懂算命先生所批的字句，要請我替他解釋。那時是民國二十六年(一九三七年)的六月中。他是去年由北平去南京鐵道部做事的。那張命紙是北平一個姓張的算命先生批的。其中他看不懂的是「五行絕者土」五個字，尤其是土字何意，最爲難明。

那年秦君是四十四歲，肖馬，算命先生是前六年在那張命紙上擬有這樣的字句：「丁丑年，四十四歲，大運在巳，經云：『五行絕者土』，不利西行，且宜東向愼之！」我雖然和他很相熟，他卻從來沒有和我談過命運的事。他先向我聲明說，他本來是不相信命運之事的；前年因爲打算來南京做事，他的母親就替他算一個八字，但命紙上批云：「今年四十二歲，流年乙亥，亥卯合，南行不成，須待來年歲逢丙子，子午冲動，可得南行。」

他說，前年他南京的事已經都弄好了的，只要他一來見過部長就可以。當時他不相信行不成，但結果眞的因爲長子結婚事不能卽來，而部中這職位又不能久懸，他便作罷了，好在他當時在北平還有事做，不來也沒有關係。所以就決定率性就在北平做下去，不打算來南京，因爲兒子結婚之後，似乎也有和家人在北平團聚一時的需要。

但是，到了去年夏間，忽然得到南京朋友的電報，說是他的差事已經司長簽上去了，要他卽日辭職南來，因爲他以前托朋友謀這部中的差事，他因兒子結婚不來，已經對不住朋友了；後來自己決定不來，也未曾對朋友說不決定南來了，請他不必再進行，所以現在朋友已經替他進行到司長已經簽呈上去了，便不能再對不住朋友，因而他便不能不匆匆地向北平辭職，趕到南京來。

由於去年的無意中來到南京任事，便不能不使他相信命運之事頗有一些道理了。最近因為得到北平家人和朋友的來信，都說日軍對於華北似有軍事行動的樣子，因此他就寫信家裏，把這張命紙寄來，看看這裏面對於今年之事有沒有甚麼。

現在他對命紙所批今年之事，只知道「不利西行，且宜東向」，而所謂「五行絕者土」五字，卻莫名其妙，所以要我替他解釋。同時，他想知道把北平家眷搬到南方來是否可行。

我把他的八字看了一下，卻使我很難於開口；因為依他的八字看，今年立秋之後三個月內，秦君的壽命確然有一個大關口，而命紙所批的「經云：五行絕者土」，就是說他今年五行逢絕，應當「歸土」的意思，這叫我如何能對他照理解釋呢？

因為我知道秦君對於五行是外行，所以我就對他這樣解釋說：「五行逢絕的人，應當用土去培養，所以說你今年不宜向西，只宜向東行。」

不意秦君雖然不懂八字上的五行道理，卻因讀過多少古書，也略知五行方位之理，他聞言便對我說：「是否五行以土爲王，故有土居中央之說？」

「是的，」我馬上就順他的說法。「土居中央，所以你目前在南京中央做事，對你今年的命運是非常合宜的。」

但他又問：「那麽，今年我已經在中央了，爲甚麽又有不宜西行且宜東向的話呢？我自去年到了南京之後，差不多每月至少有一次東向去上海，從來也沒有西行過，今年當然也只有東行不會有西行的，何以又有愼之，愼之的話呢？」

我就對他說，如果能夠保持過去一年一樣依舊在南京做事，只有東行沒有西行，那就不會有甚麽事；不過，依這張命紙上所批的看，似乎今年有西行的可能，所以他才叫你謹愼，不宜西行的。接着秦君又問我，他想把家眷接到南京來好不好。因爲我看他的八字今年確有性命之虞，到底應當把家眷接來好呢還是不接來好呢，似乎沒有一個確定的理由；於是我當時只好依常情答覆他說，能夠把家眷接來身邊總是接來好，這話我並非根據他的命理說的。

後來秦君鑒於華北既有謠言，自己一時又不返囘華北，就決定把家眷接來。但是，事情卻來得太奇怪，時局迅速發生變化。那時是民國二十六年（一九三七年）六月中，我和他談命只過了十幾天，「七七事變」竟然發生了。秦君接家眷的事當然不成，從此他也再沒有機會東行去上海了。

七七事變發生的前幾天，我已回到上海，接着上海發生戰事，時局惡化了，南京已作遷都的決定。那時南京公務員非有必要，經各機關主管長官批准的，不能隨便離職。因而秦君就寫一封信給我，要我給他決定是否跟隨政府西遷。他信中說，若依北平張某所批的八字說，他既不宜西行，而政府又偏偏只有向西可遷，東北南三向都不能遷，明顯的前幾年算命的已看出他今年有西行的事情了。現在依命運看，應當辭職不宜西行；但再依事實看，辭職能否獲准還在其次，返回北平既不可能，他一個人將去那裏呢？

當時我看了秦君的信，眞是不知如何答覆是好，因爲，若依命運看，他絕不宜西行的，然而，若是我主張他辭職，可能有兩件嚴重事件發生：第一、當時政府已在嚴密注意間諜問題，而秦君又是日本留學生，當此他北平有家已回不得的時候，竟然辭職不隨政府西遷，很可能被視爲有意通敵，不會准他辭職的；第二、他若一辭職，除來上海，沒有第二條路可走，那末此後生活又將如何呢？

因此我的回信並沒有替他作任何的決定。我只說兩點：第一、我在命理上的看法，和他那張前幾年在北平所批的命紙上所說的一樣，沒有新的看法。第二、就目前情形言，既然回家不得，又無退路，事勢非隨政府西遷不可。那末，動不如靜，逆不如順，不辭職是靜，跟隨政府是順，我這話也都是事實，並不勉强說的。

當時我心裏會這樣想，如果秦君今年命中當死，就是中日戰爭不爆發也會死的，而今能够跟隨政府走，在政府的保護下，不是比之個人奔走更安穩得多嗎？當時我面對他的八字，又面對當時的局勢，死生問題原無足論，而他的八字今年不宜西方而偏非走西方不可，這就不能不相信命運的奇妙安排了！

果然不久我們知道政府已從南京西撤至武漢；也知道秦君跟隨政府平安向西去了，從此他也不再來信。我們由報紙上以及傳聞中，知道政府西遷之後很是安全，並未受到敵機的大轟炸，私心也替他歡喜。

有一天，我閒着無事，無意中把秦君的八字拿來看看，發現那年夏曆十一月是壬子月，十三日是丙子日，八字中的「用神」被冲尅太過，當是死亡之日。那時是十月底，我就寫信給一個朋友，他是和秦君同司的同事，朝夕相見的，我請他儘可能告知秦君，十一月十一日至十五日五天，千萬要足不出戶，並請他儘可能幫助秦君，那幾天不派他公出，留在部中辦公。因爲這位朋友是秦君的上司，此事只有五天的日子，他是可以做得到的。我又請他不必把這五天尤其是十三日那天的大難日子告知秦君，怕他因心理作用，反而發生其他不利的事，我希望此信能於十一月十三日以前到達，就用快信發出。

信發後我一面等待朋友覆信，一面又推斷秦君十一月十三日那天如果不能逃過鬼門關的話，應是善終還是惡死呢？我知道秦君素有胃潰瘍病，如果是善終，最可能因舟車勞頓加上水土不服，胃病發作而又因醫藥不便而死亡；若是惡死，那就是出於交通失事或被敵機轟炸而死。

當時我對於八字上的死亡問題還在研究而沒有甚麽大心得，本來死亡在八字上就是一個大問題，雖然有的八字可以明白斷定他何月非死不可；但此種八字好像只佔百分的四十；約有百分之二十，可以看出要死於那一個運裏的五年之內；尚有百分之二十，則不可能看得準的。秦君的八字雖然屬於頭一種，就是事先可以看出是乙丑年十一月確有死亡的大厄。

可是，雖然我能够看出他那年那月死亡的大厄，卻不能看出到底是善終還是惡死。因爲當時我已經學了相術，我知道在相上顯然有善終與惡死的相格的；那末論理命理上也一定有此命格，而且命書也略有提到的，不過不像相術那樣具體而確定而已。於是在我的朋友沒有覆信之前，我就和兩個精於命理的朋友，對秦君的八字加以商討。

商討的結果，大家斷定秦君在十一月十三那天當死於非命，理由是「用神」的衰神被旺神所冲，而四柱歲運又多冲尅。這一結論並非理論，也不是完全根據命書所說的，這是我們幾個人，一面根據命書中死亡的五行原理；一面根據許多熟人的事例作爲根據的。

自舊曆十月二十幾我發信，直到十二月半才得到朋友的覆信。來信說，他因政府機關遷移不定的關係，接到我的信已經過了十一月十三日，是十五日的下午才接到信。而秦君和部中另外兩人，是十一日上午被派外出，約需一星期才能囘來。當時他想十五日以前既然沒有得到關於秦君有何事故的消息，則十三日秦君想是已告平安無事了。眞是奇怪，第二日即十六的清早，就接到和秦君一起公出的兩人來信報告，說是十三日中午秦君在公路上被敵機機關槍掃射身死，已由當地機關負責收殮了。

秦君死於非命的事實給了我們研究命理的人非常寶貴的資料。我從而確定，同是死亡，何者死於非命，何者屬於善終，就是惡死也有死有餘榮、死有餘辜之別。

八　有關王植波死於好運的問題

自從本人發表了「王植波死於好運，後人必昌」的論點後，本港命理學人中，有的認為王植波今歲的甲運甲年，用神戊土受損太過，所以不幸去世。此種事後解釋固然不無理由；但我敢相信，絕無人在事前敢作如此論斷；因為依王植波的八字「乙丑、戊寅、辛巳、丁未」來看，今年甲辰所行的甲戌西方大運，雖有冲尅，而四柱的「丑、寅、巳、未」以及運腳的「戌」均有土生身，用神不至於被尅盡，大命不至於死亡的。

我曾將這八字寫給雙桐館主去研究，已得到他的覆信，關於王植波的八字有所論列。為要使大家知道人生有死於好運之事，也希望同道諸君能多些參考起見，現在且把雙桐館主的原函，刋佈於下：

「東野先生前輩學人有道：頃承示知名作家王植波先生遺造，囑為研究以告，茲將我所體會的管見，略陳於后：

「窃見大著稱：『王植波死於好運，後人必昌。』斯言也，深中肯棨。因為，任何人的身後，不論是好是壞，都有他或她的『再肇貞元之會，胚胎嗣續之機』的『父母爲貞子女爲元』的『貞不起元』之『易理存焉』的身後時運的。所以，先賢劉伯温，就曾經在他的命學著作中，大聲疾呼地勸導人們說：『應該記住父母的生辰八字，才可以看出自己和兒孫的時運之好壞等問題。』

「關於人們的確有『身後運』的事實，讓我舉出古代兩個有名的例子爲證。

「身後行壞運的例子：明太祖朱元璋，在他十七歲『甲申流年』的時候，遭遇疫症，父母兄侄等骨肉，快要死得精光，當時，他沒辦法而去當和尚，不到一個月，廟裏斷炊，他就成爲乞丐，幾乎餓死。可以說：甲申年是朱元璋生前最倒霉的壞運。朱元璋死後，在他三百一十七歲陰壽那一年，又是傳到『甲申流年』，他的後人崇禎皇帝上煤山自縊，明朝亡國，這就是他身後壞運的證明。

（作者按：我們過去只知道人生有蒙受先人「福蔭」之事，而不知所謂福蔭，有的是先人的「德蔭」，有的是「命蔭」，現在看了明太祖此例，以及後面岳飛的例，便可明白一個人的命運原與先人有關了。）

「身後行好運的例子：中國武聖人岳飛，雖於生前碰到壞運，而被奸臣秦檜害死，並且沉寃莫白將近四十年，但等到岳飛身後的『丁火好運』一旦來了，孝宗馬上就宣詔恢復岳飛的官職，追封爲鄂王；又把他的孫子找到，封了爵位，使令岳武穆的『精忠』彪炳於千秋！

「淸大命學大師任鐵樵先生云：『不特人生在世，運吉者昌，運凶者敗，至於壽終之後，而行運仍在。觀其運之吉凶，可知其子孫之興替。故其人旣終之後，而其家興旺者，身後運必吉也。其家衰敗者，身後運必凶也。此雖造化有定，而數之不可逃。爲人子者，不可以不知父母之年，而善繼述之。若父母之身後運吉，自可承先啓後；如父母之身後運凶，亦應安份經營，挽囘造化』云云。觀乎任鐵樵先賢之論，足見父母的身後命運，對於每個人自己的時運，是關係相當重大。所以，凡是想去算命的人，就應該把父母的八字，一塊兒交給算命先生去做參考，纔是道理。根據這樣的原則去看問題，王植波身後是行着『西方』的幫身好運，『其後必昌』，殆無疑義的了。

「可是，爲甚麽王植波此次突遭橫禍呢？這是有許許多多道理可以研究的。限於篇幅，扼要陳之：

「查失事飛機之中有一位是陸運濤氏。據報載陸氏的三柱是：『乙卯年、壬午月、丙子日。』夷考陸氏和王氏的大運，都是在一九六二年交進新的運程。陸造是用木火土而忌金水；王造則以甲木爲『閑神』，『閑神』者，可好可壞之謂也。從前年開始，他們二位的大運，已經不算怎麽好。但因彼二造都是『陰支靜且專，否泰每經年』之故，所以就一定是要等過一兩年之久的月日，又碰到很壞的時候，方才可以顯出『命運之神』的威力來！

「對於『陰支』之人交壞運的例子，我可以略舉一事。十年前，我有一個老友記名叫高國政，杭州人，在港經商很活躍。一九五四年我向他提出忠告說：『你從今年年底交進壞運，以後要小心了！』至一九五五年邊，老高笑着對我說：『你到底是半路出家，算命不靈。別人都說我剛交好運，你卻說我交壞運。經過一年了，我還不是照舊沒有壞？』我就正色的答覆道：『你是陰支之年出生的人，好壞是要經過一年多之後才見分曉。彼此老友，恕我直言，也希望我算得不靈。不過，命學是如此，要跟你做個參考！』

「後來到了一九五六年的夏天，老高突然被迫『回鄉生產』，從此音訊全無。據張育青君談：『老高被勞改了。』陸運濤氏交進『丑字壞運』快兩年，碰到『天尅地比而冲羊刃」的庚子日子就遇難，何算非命也！陸造面對「子午卯酉四敗齊冲」，加上「丙庚相尅，日冲羊刃」的凶煞而不知避，殊可哀焉。假如王植波先生當天不和陸氏同機，不受陸氏「日主丙火」和「提綱午火」的銷熔，說不定王氏或可免於大劫。

「至於王植波先生的死難原因，誠如大著所謂：「由於冲尅太過」。因爲，王造誕於春令，木火太多，必以「印比爲用」。今年歲運都逢甲木，財星壞印。在陰曆午火月建之時，巳午未會成火方，大運寅午戌暗拱火局，偏又碰到一滴滴的「庚子」金水之來，庚金劈甲引出丁火，子水冲午，叫做「衰神冲旺神」，午火旺極，發而爲禍矣！人生而不講究命學「趨吉避凶」之道，誠屬事大可哀也夫！

「可惜，不曾聽說台灣有命理學家去調查全機遇難人士的命造，以爲科學分析研究之資。假如有人能夠把全機遇難者的出生年、月、日向民航公司索取一份名單加以統計一番的話，我敢相信，該機中的主要乘客和機長等人之命運，可能都是「時不利兮可奈何」的呢！耑此，肅復，敬頌道安，後學雙桐館主謹上。」

關於這個問題，我只想提供一些資料和意見，讓同道們能於此中有更高明的意見和發現，王植波的八字既是用印，則他交入「甲戌」之後是西方幫身之運，不管是「甲」

蓋頭，此後三十年總以好運論，斷不能目為惡運甚至是死運。因此他之所以致死，當另有一原因，也就是我所說的，第一是由於今歲「甲辰」年，「甲戌」運，「庚午」月「庚子」日冲尅太過；第二是由於受同機人中多數「必死於非命」所牽累，這兩個問題非常重要，因爲依我的經驗，「冲尅」和「牽累」二事是可以事前想辦法避免的。

心一堂術數古籍珍本叢刊　第一輯書目

占筮類			
1	擲地金聲搜精秘訣	心一堂編	沈氏研易樓藏稀見易占秘鈔本
2	卜易拆字秘傳百日通	心一堂編	
3	易占陽宅六十四卦秘斷	心一堂編	火珠林占陽宅風水秘鈔本
星命類			
4	斗數宣微	【民國】王裁珊	民初最重要斗數著述之一；未刪改本
5	斗數觀測錄	【民國】王裁珊	失傳民初斗數重要著作
6	《地星會源》《斗數綱要》合刊	心一堂編	失傳的第三種飛星斗數
7	《斗數秘鈔》《紫微斗數之捷徑》合刊	心一堂編	珍稀「紫微斗數」舊鈔秘本
8	斗數演例	心一堂編	
9	紫微斗數全書（清初刻原本）	題【宋】陳希夷	斗數全書本來面目；有別於錯誤極多的坊本
10-12	鐵板神數（清刻足本）——附秘鈔密碼表	題【宋】邵雍	無錯漏原版　秘鈔密碼表　首次公開！
13-15	蠢子數纏度	題【宋】邵雍	蠢子數連密碼表　打破數百年秘傳　首次公開！
16-19	皇極數	題【宋】邵雍	清鈔孤本附起例及完整密碼表　研究神數必讀！
20-21	邵夫子先天神數	題【宋】邵雍	附手鈔密碼表　研究神數必讀！
22	八刻分經定數（密碼表）	題【宋】邵雍	皇極數另一版本；附手鈔密碼表
23	新命理探原	【民國】袁樹珊	子平命理必讀教科書！
24-25	袁氏命譜	【民國】袁樹珊	
26	韋氏命學講義	【民國】韋千里	民初二大命理家南袁北韋
27	千里命稿	【民國】韋千里	
28	精選命理約言	【民國】韋千里	北韋之命理經典
29	滴天髓闡微——附李雨田命理初學捷徑	【民國】袁樹珊、李雨田	命理經典未刪改足本
30	段氏白話命學綱要	【民國】段方	民初命理經典最淺白易懂
31	命理用神精華	【民國】王心田	學命理者之寶鏡

編號	書名	作者	備註
32	命學探驪集	【民國】張巢雲	發前人所未發 稀見民初子平命理著作
33	澹園命談	【民國】高澹園	
34	算命一讀通——鴻福齊天	【民國】不空居士、覺先居士合纂	
35	子平玄理	【民國】施惕君	
36	星命風水秘傳百日通	心一堂編	
37	命理大四字金前定	題【晉】鬼谷子王詡	源自元代算命術
38	命理斷語義理源深	心一堂編	稀見清代批命斷語及活套
39－40	文武星案	【明】陸位	失傳四百年《張果星宗》姊妹篇 千多星盤命例 研究命學必備
相術類			
41	新相人學講義	【民國】楊叔和	失傳民初白話文相術書
42	手相學淺說	【民國】黃龍	民初中西結合手相學經典
43	大清相法	心一堂編	重現失傳經典相書
44	相法易知	心一堂編	
45	相法秘傳百日通	心一堂編	
堪輿類			
46	靈城精義箋	【清】沈竹礽	沈氏玄空遺珍 玄空風水必讀
47	地理辨正抉要	【清】沈竹礽	
48	《玄空古義四種通釋》《地理疑義答問》合刊	沈瓞民	
49	《沈氏玄空吹虀室雜存》《玄空捷訣》合刊	【民國】申聽禪	
50	漢鏡齋堪輿小識	【民國】查國珍、沈瓞民	
51	堪輿一覽	【清】孫竹田	失傳已久的無常派玄空經典
52	章仲山挨星秘訣（修定版）	【清】章仲山	章仲山無常派玄空珍秘 門內秘本首次公開 沈竹礽等大師尋覓一生末得之珍本！
53	臨穴指南	【清】章仲山	
54	章仲山宅案附無常派玄空秘要	心一堂編	
55	地理辨正補	【清】朱小鶴	玄空六派蘇州派代表作
56	陽宅覺元氏新書	【清】元祝垚	簡易・有效・神驗之玄空陽宅法
57	地學鐵骨秘　附　吳師青藏命理大易數	【民國】吳師青	釋玄空廣東派地學之秘
58－61	四秘全書十二種（清刻原本）	【清】尹一勺	玄空湘楚派經典本來面目 有別於錯誤極多的坊本

62	地理辨正補註　附 元空秘旨　天元五歌　玄空精髓　心法秘訣等數種合刊	【民國】胡仲言	貫通易理、巒頭、三元、三合、天星、中醫
63	地理辨正自解	【清】李思白	公開玄空家「分率尺、工部尺、量天尺」之秘
64	許氏地理辨正釋義	【民國】許錦灝	民國易學名家黃元炳力薦
65	地理辨正天玉經內傳要訣圖解	【清】程懷榮	秘訣一語道破，圖文并茂
66	謝氏地理書	【民國】謝復	玄空體用兼備、深入淺出
67	論山水元運易理斷驗、三元氣運說附紫白訣等五種合刊	【宋】吳景鸞等	失傳古本《玄空秘旨》《紫白訣》
68	星卦奧義圖訣	【清】施安仁	三元玄空門內秘笈　清鈔孤本 過去均為必須守秘不能公開秘密 與今天流行飛星法不同
69	三元地學秘傳	【清】何文源	
70	三元玄空挨星四十八局圖說	心一堂編	
71	三元挨星秘訣仙傳	心一堂編	
72	三元地理正傳	心一堂編	
73	三元天心正運	心一堂編	
74	元空紫白陽宅秘旨	心一堂編	
75	玄空挨星秘圖　附 堪輿指迷	心一堂編	
76	姚氏地理辨正圖說　附 地理九星并挨星真訣全圖　秘傳河圖精義等數種合刊	【清】姚文田等	蓮池心法　玄空六法 門內秘鈔本首次公開
77	元空法鑑批點本——附 法鑑口授訣要、秘傳玄空三鑑奧義匯鈔　合刊	【清】曾懷玉等	
78	元空法鑑心法	【清】曾懷玉等	
79	曾懷玉增批蔣徒傳天玉經補註【新修訂版原（彩）色本】	【清】項木林、曾懷玉	
80	地理學新義	【民國】俞仁宇撰	揭開連城派風水之秘
81	地理辨正揭隱（足本）　附連城派秘鈔口訣	【民國】王邈達	
82	趙連城傳地理秘訣附雪庵和尚字字金	【明】趙連城	
83	趙連城秘傳楊公地理真訣	【明】趙連城	
84	地理法門全書	仗溪子、芝罘子	巒頭風水，內容簡核、深入淺出
85	地理方外別傳	【清】熙齋上人	巒頭形勢、「望氣」「鑑神」
86	地理輯要	【清】余鵬	集地理經典之精要
87	地理秘珍	【清】錫九氏	巒頭、三合天星，圖文並茂
88	《羅經舉要》附《附三合天機秘訣》	【清】賈長吉	清鈔孤本羅經、三合訣法圖解
89－90	嚴陵張九儀增釋地理琢玉斧巒	【清】張九儀	清初三合風水名家張九儀經典清刻原本！

占筮類			
121	卜易指南(二種)	【清】張孝宜	民國經典，補《增刪卜易》之不足
122	未來先知秘術——文王神課	【民國】張了凡	內容淺白、言簡意賅、條理分明
星命類			
123	人的運氣	汪季高(雙桐館主)	五六十年香港報章專欄結集！
124	命理尋源	【民國】徐樂吾	民國三大子平命理家徐樂吾必讀經典！
125	訂正滴天髓徵義		
126	滴天髓補註 附 子平一得		
127	窮通寶鑑評註 附 增補月談賦 四書子平		
128	古今名人命鑑		
129-130	紫微斗數捷覽(明刊孤本)[原(彩)色本] 附 點校本 (上)(下)	馮一、心一堂術數古籍整理編校小組 整理	明刊孤本 首次公開！
131	命學金聲	【民國】黃雲樵	民國名人八字、六壬奇門推命
132	命數叢譚	【民國】張雲溪	子平斗數共通、百多民國名人命例
133	定命錄	【民國】張一蟠	民國名人八十三命例詳細生平
134	《子平命術要訣》《知命篇》合刊	【民國】鄒文耀、【民國】胡仲言撰	《子平命術要訣》科學命理；《知命篇》易理皇極、命理地理、奇門六壬互通
135	科學方式命理學	閻德潤博士	匯通八字、中醫、科學原理！
136	八字提要	韋千里	民國三大子平命理家韋千里必讀經典！
137	子平實驗錄	【民國】孟耐園	作者四十多年經驗 占卜奇靈 名震全國！
138	民國偉人星命錄	【民國】囂囂子	幾乎包括所民初總統及國務總理八字！
139	千里命鈔	韋千里	失傳民初三大命理家-韋千里 代表作
140	斗數命理新篇	張開卷	現代流行的「紫微斗數」內容及形式上深受本書影響
141	哲理電氣命數學——子平部	【民國】彭仕勛	命局按三等九級格局、不同術數互通借用
142	《人鑑——命理存驗・命理擷要》(原版足本)附《林庚白家傳》	【民國】林庚白	傳統子平學修正及革新、大量名人名例
143	《命學苑苑刊——新命》(第一集)附《名造評案》《名造類編》等	【民國】林庚白、張一蟠等撰	史上首個以「唯物史觀」來革新子平命學結集
相術類			
144	中西相人探原	【民國】袁樹珊	按人生百歲，所行部位，分類詳載
145	新相術	【美國】字拉克福原著、【民國】沈有乾編譯	通過觀察人的面相身形、色澤舉止等，得知性情、能力、習慣、優缺點等
146	骨相學	【民國】風萍生編著	結合醫學中生理及心理學，影響近代西、日、中相術深遠
147	人心觀破術 附運命與天稟	【日本】管原如庵、加藤孤雁原著，【民國】唐真如譯	觀破人心、運命與天稟的奧妙

<table>
<tr><td>148</td><td>《人相學之新研究》《看相偶述》合刊</td><td>盧毅安</td><td>集中外大成，無不奇驗；影響近代香港相術名著</td></tr>
<tr><td>149</td><td>冰鑑集</td><td>【民國】碧湖鷗客</td><td>各家相法精華、相術捷徑、圖文並茂附名人照片</td></tr>
<tr><td>150</td><td>《現代人相百面觀》《相人新法》合刊</td><td>【民國】吳道子輯</td><td>失傳民初相學經典二種　重現人間！</td></tr>
<tr><td>151</td><td>性相論</td><td>【民國】余晉龢</td><td>民初北平公安局專論相學與犯罪專著（犯罪學生物學派）</td></tr>
<tr><td>152</td><td>《相法講義》《相理秘旨》合刊</td><td>韋千里、孟瘦梅</td><td>命理學大家韋千里經典、傳統相術秘籍精華</td></tr>
<tr><td>153</td><td>《掌形哲學》附《世界名人掌形》《小傳》</td><td>【民國】余萍客</td><td>圖文并茂、附歐美名人掌形圖及生平簡介</td></tr>
<tr><td>154</td><td>觀察術</td><td>【民國】吳貴長</td><td>可補充傳統相術之不足</td></tr>
<tr><td colspan="4">堪輿類</td></tr>
<tr><td>155</td><td>羅經消納正宗</td><td>【明】沈昇撰、【明】史自成、丁孟章合纂</td><td>失傳四庫存目珍稀風水古籍</td></tr>
<tr><td>156</td><td>風水正原</td><td rowspan="2">【清】余天藻</td><td rowspan="2">●積德為求地之本，形家必讀！
●純宗形家，與清代欽天監地理風水主張大致相同</td></tr>
<tr><td>157</td><td>安溪地話（風水正原二集）</td></tr>
<tr><td>158</td><td>《蔣子挨星圖》附《玉鑰匙》</td><td>傳【清】蔣大鴻等</td><td>窺知無常派章仲山一脈真傳奧秘</td></tr>
<tr><td>159</td><td>樓宇寶鑑</td><td rowspan="2">吳師青</td><td>陽宅風水必讀、現代城市樓宇風水看法改革</td></tr>
<tr><td>160</td><td>《香港山脈形勢論》《如何應用日景羅經》合刊</td><td>香港風水山脈形勢專著</td></tr>
<tr><td>161</td><td>三元真諦稿本──讀地理辨正指南</td><td rowspan="2">【民國】王元極</td><td rowspan="2">被譽為蔣大鴻、章仲山後第一人
內容直接了當，盡揭三元玄空家之秘</td></tr>
<tr><td>162</td><td>三元陽宅萃篇</td></tr>
<tr><td>163</td><td>王元極增批地理冰海　附批點原本地理冰海</td><td>【清】高守中　【民國】王元極</td><td></td></tr>
<tr><td>164</td><td>地理辨正發微</td><td>【清】唐南雅</td><td>極之清楚明白，披肝露膽</td></tr>
<tr><td>165–167</td><td>增廣沈氏玄空學　附　仲山宅斷秘繪稿本三種、自得齋地理叢說稿鈔本（上）（中）（下）</td><td>【清】沈竹礽</td><td>玄空必讀經典！附《仲山宅斷》幾種鈔本及批點本，畫龍點睛、披肝露膽，道中刊印本未點破的秘訣</td></tr>
<tr><td>168–169</td><td>巒頭指迷（上）（下）</td><td>【清】尹貞夫原著、【民國】何廷珊增訂、批注</td><td>圖文并茂：龍、砂、穴、水、星辰九十九變
洩漏天機：蔣大鴻、賴布衣挨星秘訣及用法</td></tr>
<tr><td>170–171</td><td>三元地理真傳（兩種）（上）（下）</td><td rowspan="2">【清】趙文鳴</td><td rowspan="2">蔣大鴻嫡派真傳張仲馨一脈二十種家傳秘本、宅墓案例三十八圖，並附天星擇日</td></tr>
<tr><td>172</td><td>三元宅墓圖　附　家傳秘冊</td></tr>
<tr><td>173</td><td>宅運撮要</td><td>【民國】尤惜陰（演本法師）、榮柏雲</td><td>撮三集《宅運新案》之精要</td></tr>
<tr><td>174</td><td>章仲山秘傳玄空斷驗筆記　附　章仲山斷宅圖註</td><td>【清】章仲山傳、【清】唐鷺亭纂</td><td>無常派玄空不外傳秘中秘！二宅實例有斷驗及改造內容</td></tr>
<tr><td>175</td><td>汪氏地理辨正發微　附　地理辨正真本</td><td>【清】蔣大鴻、姜垚原著、【清】汪云吾發微</td><td rowspan="3">蔣大鴻嫡派張仲馨一脈三元理、法、訣具體泄露
三百年來最佳《地理辦正》註解！石破天驚！</td></tr>
<tr><td>176</td><td>蔣大鴻家傳歸厚錄汪氏圖解</td><td>【清】蔣大鴻、【清】汪云吾圖解</td></tr>
<tr><td>177</td><td>蔣大鴻嫡傳三元地理秘書十一種批注</td><td>【清】蔣大鴻原著、【清】汪云吾、【清】劉樂山註</td></tr>
</table>

178	《星氣(卦)通義(蔣大鴻秘本四十八局圖并打劫法)》《天驚秘訣》合刊	題【清】蔣大鴻 著	江西興國真傳三元風水秘本
179	蔣大鴻嫡傳天心相宅秘訣全圖附陽宅指南等秘書五種	【清】蔣大鴻編訂、【清】汪云吾、劉樂山註	蔣大鴻徒張仲馨秘傳陽宅風水「教科書」！
180	家傳三元地理秘書十三種		真天宮之秘 千金不易之寶
181	章仲山門內秘傳《堪輿奇書》附《天心正運》	【清】章仲山傳、【清】華湛恩	直洩無常派章仲山玄空風水不傳之秘
182	《挨星金口訣》、《王元極增批補圖七十二葬法訂本》合刊	[民國]王元極	秘中秘——玄空挨星真訣公開！字字千金！
183-184	《家傳三元古今名墓圖集附謝氏水鉗》《蔣氏三元名墓圖集》合刊(上)(下)	(清)孫景堂，劉樂山，張稼夫	蔣大鴻嫡傳風水宅案、幕講師、蔣大鴻、姜垚等名家多個實例，破禁公開！
185-186	《山洋指迷》足本兩種 附《尋龍歌》(上)(下)	【明】周景一	風水巒頭形家必讀《山洋指迷》足本！
187-196	蔣大鴻嫡傳水龍經注解 附 虛白廬藏珍本水龍經四種(1-10)	【清】蔣大鴻編訂、【清】楊臥雲、汪云吾、劉樂山註	蔣大鴻嫡傳一脈授徒秘笈 希世之寶 千年以來，師師相授之秘旨，破禁公開！完整了解蔣氏嫡派真傳一脈三元理、法、訣！附已知最古《水龍經》鈔本等五種稀見《水龍經》
197	批注地理辨正直解	【清】章仲山	無常派玄空必讀經典未刪改本！
198	《天元五歌闡義》附《元空秘旨》(清刻原本)		
199	心眼指要(清刻原本)		
200	華氏天心正運	【清】華湛恩	
201-202	批注地理辨正再辨直解合編(上)(下)	【清】蔣大鴻原著、【清】姚銘三再註、【清】章仲山直解	失傳姚銘三玄空經典重現人間！名家：沈竹礽、王元極推薦！
203	章仲山注《玄機賦》《元空秘旨》附《口訣中秘訣》《因象求義》等九種合刊	【清】章仲山	近三百年來首次公開！章仲山無常派玄空秘密，和盤托出！
204	章仲山門內真傳《三元九運挨星篇》《運用篇》《挨星定局篇》《口訣篇》等合刊	【清】章仲山、柯遠峰等	章仲山注《玄機賦》及章仲山原傳之口訣及筆記
205	章仲山門內真傳《大玄空秘圖訣》《天驚訣》《飛星要訣》《九星斷略》《得益錄》等合刊	【清】章仲山、冬園子等	
206	撼龍經真義	吳師青註	近代香港名家吳師青必讀經典
207	章仲山嫡傳《翻卦挨星圖》《秘鈔元空秘旨》附《秘鈔天元五歌闡義》	【清】章仲山傳、【清】王介如輯撰	透露章仲山家傳玄空嫡傳學習次弟及關鍵不傳之秘
208	章仲山嫡傳秘鈔《秘圖》《節錄心眼指要》合刊		
209	《談氏三元地理大玄空實驗》附《談養吾秘稿奇門占驗》	【民國】談養吾撰	史上首次公開「無常派」下卦起星等挨星秘密之書
210	《談氏三元地理濟世淺言》附《打開一條生路》		了解談氏入世的易學卦德爻象思想
211-215	《地理辨正集註》附《六法金鎖秘》《巒頭指迷真詮》《作法雜綴》等(1-5)	【清】尋緣居士	集《地理辨正》一百零八家註解大成精華 匯巒頭及蔣氏、六法、無常、湘楚等秘本 史上最大篇幅的《地理辨正》註解
216	三元大玄空地理二宅實驗(足本修正版)	【民國】尤惜陰(演本法師)、榮柏雲撰	三元玄空無常派必讀經典足本修正版

217	蔣徒呂相烈傳《幕講度針》附《元空秘斷》《陰陽法竅》《挨星作用》	【清】呂相烈	蔣大鴻門人呂相烈三元秘本三百年來首次破禁公開！
218	挨星撮要（蔣徒呂相烈傳）		
219-221	《沈氏玄空挨星圖》《沈註章仲山宅斷未定稿》《沈氏玄空學（四卷原本）》合刊（上中下）	【清】沈竹礽 等	揭開沈氏玄空挨星五行吉凶斷的變化及不同用法 章仲山宅斷未刪本、沈氏玄空學原本佚文、玄空挨星圖稿鈔本 大公開！
222	地理穿透真傳（虛白廬藏清初刻原本）	【清】張九儀	三合天星家宗師張九儀畢生地學精華結集
223-224	地理元合會通二種（上）（下）	【清】姚炳奎	分發兩家（三元、三合）之秘，會通其用 詳解注羅盤（蔣盤、賴盤）；義理、斷驗俱精
其他類			
225	天運占星學 附 商業周期、股市粹言	吳師青	天星預測股市，神準經典
226	易元會運	馬翰如	《皇極經世》配卦以推演世運與國運
三式類			
227	大六壬指南（清初木刻五卷足本）		六壬學占驗課案必讀經典海內善本
228-229	甲遁真授秘集（批注本）（上）（下）	【清】薛鳳祚	明清皇家欽天監秘傳奇門遁甲 奇門、易經、皇極經世結合經典
230	奇門詮正	【民國】曹仁麟	簡易、明白、實用，無師自通！
231	大六壬探源	【民國】袁樹珊	民初三大命理家袁樹研究六壬四十餘年代表作
232	遁甲釋要	【民國】徐昂	推衍遁甲、易學、洛書九宮大義！
233	《六壬卦課》《河洛數釋》《演玄》合刊		疏理六壬、河洛數、太玄隱義！
234	六壬指南（【民國】黃企喬）	【民國】黃企喬	失傳經典 大量實例
選擇類			
235	王元極校補天元選擇辨正	原【清】謝少暉輯、【民國】王元極校補	三元地理天星選日必讀
236	王元極選擇辨真全書 附 秘鈔風水選擇訣	【民國】王元極	王元極天昌館選擇之要旨
237	蔣大鴻嫡傳天星選擇秘書注解三種	【清】蔣大鴻編訂、【清】楊臥雲、汪云吾、劉樂山註	蔣大鴻陰陽二宅天星擇日日課案例！
238	增補選吉探源	【民國】袁樹珊	按表檢查，按圖索驥：簡易、實用！
239	《八風考略》《九宮撰略》《九宮考辨》合刊	沈瓞民	會通沈氏玄空飛星立極、配卦深義
其他類			
240	《中國原子哲學》附《易世》《易命》	馬翰如	國運、世運的推演及預言